JN074467

支店長殿 ご指南申す

吉村輝寿

営業推進から
コンプラ・新人教育まで
75の悩みを完璧に解決

近代セールス社

はじめに

以前、銀行の支店長は「床の間を背にして座る」良い仕事と言われました。取引先が融資の約束を取り付けるために支店長を盛んに接待していた時代の話です。ところが最近は「床の間」をほとんど見かけなくなり、支店長のイメージも大きく変わりました。前向きの資金需要は乏しく、投資信託の販売も思うように伸びず、戦力不足は深刻で、ハラスメントやコンプラにも注意が必要で、課題山積の中、毎日奮闘している支店長が多いと思います。

本書はこうした毎日奮闘中の支店長のために書きました。支店長が毎日の業務の中で直面する悩みや問題について、序章で歴史的な側面を振り返ったあとに、一問一答形式でいかに対応すべきかが説明してあります。また、マネジメント関連の書籍には難解な理論や、実行するのが難しい手法が書かれていることがありますが、本書では「普通に考えれば当たり前だが、いざその場になるとできない、忘れてしまうこと」を数多く紹介するようにしました。例えば、お客様に謝罪に赴いたときの注意点として「言い訳をしない」ことが大切だと、当たり前のことを書きましたが、私が第二の職場で金融機関の支店長の謝罪に同席したときに、言い訳の方が長く謝罪の気持ちが伝わってこないことがよくありました。

この本の利用方法としては、最初はどこに何が書いてあるか、どのような項目について回答が書かれているかをおおよそ理解する程度で結構です。そして、具体的な問題や悩みが生じたときに該当する項目をじっくり読んで参考にしてください。きっと役に立つはずです。

支店長の仕事は苦労が多いですが、やりがいも大いにあります。支店長が良いマネジメントを行えば、活力があり従業員満足度の高い職場を作ることができます。この本を困ったときのハンドブックとして使い、支店長も部下も「この店で働けてよかった」と思えるような職場を是非とも作ってください。

最後に、本書を執筆するきっかけを作っていただいた近代セールス社の飛田浩康氏と、適切なアドバイスで無事に出版に導いてくれた大内幸夫氏に深く感謝の意を表します。

２０２０年６月

新型コロナの一日も早い収束を祈って

吉村 輝寿

目次

第1章 営業推進の悩みに答える

第2章 事務管理・ハラスメントの悩みに答える

1. 事務管理についての悩み

2. ハラスメントについての悩み

第3章 人事管理・コンプラの悩みに答える

1. 部下への接し方と評価についての悩み

2. コンプライアンスについての悩み

第4章 教育・モチベーションの悩みに答える

1. 若手社員の教育についての悩み

2. モチベーションについての悩み

終章　支店長自身の悩みに答える

序章

それぞれの時代の支店模様

1980年

戦後の日本では、資金余剰の家計部門から資金不足の企業部門に円滑に資金を流すために、資金仲介をする金融機関の経営の安定が求められ、体力の劣る金融機関も生き残れる「護送船団方式」の金融政策が行われました。

また、規制金利下では預金を集めて貸出を行えば収益が確保できるため、預金獲得による量的拡大が最も重要で、当時の金融機関のランキングを決める指標は総資産額や預金量で「預金を多く集める銀行＝良い銀行」でした。

そして、個人預金の増強を目的に家計のメインバンク化が推進され、預金口座に給与振込、公共料金引落、積立定期をセットする活動が盛んに展開され、中小企業に対しては月末や期末に預金積上げを依頼し、支店長交代時には「記念」の定期預金作成を依頼することが慣例となっていました。

当時の支店の様子

❖預金獲得競争

戦後長い間、支店の主な仕事は預金集めでした。農家の土地売却代金を取り込むために担当者が畑の雑草取りを手伝うのは当たり前で、街で葬式を見かけると焼香を行い、数日後に訪問し死亡保険金での定期預金作成をお願いしていました。そして預金獲得の目標も高く、入社3～4年目の個人担当者の半期の定期預金獲得目標が1億円に達することもありました。朝礼での支店長の話も「近隣の他行支店との預金獲得競争で先月は何勝何敗だった」「支店の預金が大台の◯◯億円を突破した」など預金に関するものが多く、個人外訪課が店の中心で預金獲得のプロが何人も在籍していました。

預金増強運動のピークはボーナス月で、個人外訪課が店内チーム対抗などの企画を立案し、ボーナス獲得運動が展開され、支店全員での戸別訪問も行われました。また、支店長による大口個人預金先への「中元歳暮配り」も実施され、預金増強や他行流出防止のための有効な手段となっていました。

さらに店頭でも熱心に預金獲得が行われ、普通預金の残高が多い顧客に定期預金を勧誘し、成約金額に応じて皿、カップ、タオル、サランラップ、メモ帳、貯金箱などを渡していました。

当時の定期預金の利率は年6％程度と、今では考えられないほど高く、100万円を3ヵ月定期に預けると利息は15，000円にもなりました。

また、その頃は窓口で定期預金の解約申出があると理由を聞いていました。窓口での定期預金の獲得と解約を毎日上司に報告するので、熱心に解約を防止していたのです。運用商品も限られ、最長1年の定期預金を主力商品として、多くの金融機関が激しい競争を繰り広げていたのですが、商品が少なかったからこそ様々な工夫や努力が生まれ、少し大袈裟に言えば「男たちが命をかけて」預金獲得競争を行っていたのです。

❖貸付課の仕事

一方、貸付課は様子が少し異なっており、貸出は毎期本部から増加の上限枠が指示され、思うように残高を伸ばすことはできませんでした。

結果として、担保や金利を十分に確保するオーソドックスな与信を学ぶには良い機会だったのですが、その反面、企業の内容を分析し、リスクを取り貸出企業の成長に貢献するノウハウは身につかず、稟議書を期限までに提出し、顧客から手形や証書等を受領し、担保関係の手続きを遺漏なく進める、こうした作業にエネルギーの大半が使われていました。

❖支店長の仕事

支店長のメインの仕事は本部から指示された預金増強目標の達成で、そのために毎日の店全体および各課の預金の動きをチェックし、日誌等で担当者ごとの獲得と解約状況を把握し指示を出していました。

また当時は行職員が１００人近く在籍している店も多かったのですが、副支店長以下の役席者が十分に配置されており、その気になれば支店長は「乗っかり型」「お殿様的」に毎日を過ごすことも可能で、支店長が顧客を訪問するのは期初期末、中元歳暮配りや案件のお礼程度でした。

❖機械化

第２次オンラインシステムがスタートしており、ＣＤも導入後約10年が経過し、会社員の給与引出しはＣＤ利用が普通になっていました。しかしオンラインシステムはダウンも多く、ＣＤは出金のみの機能で現金補填が度々必要になるなど、システム化、機械化にはまだ多くの課題がありました。また、事務のセンター集中も不十分で、支店は営業場所兼事務作業場として多くの行職員を抱えていました。

❖コンプライアンス

当時コンプライアンスという言葉はまだ存在せず、現場では事務手続きを守ることがすべてでした。順守状況をチェックするため年に1回程度検査が入るのですが、検査の時期になると、毎晩残業で伝票や書類を見直し、書類の取り漏れがあると顧客を訪問し、最後には問題書類を自宅に持ち帰る〝疎開〟が行われるなど大騒ぎで準備しました。しかし、検査自体は形式的な印漏れ、期日管理漏れ等の指摘が多く、正しい事務のあり方についてのアドバイスや、踏み込んだ指摘は少なかったと思います。

❖残業

店を出るのは夜の9時10時のことが多く、特に貸付担当者は顧客の来店や電話が終わる6時過ぎから稟議や査定を書き始め、仕事が終わらず稟議書を鞄に詰めて寮に帰る生活が普通で、残業は月に１００時間を超えていました。しかし、30時間を超える残業は人事部に報告が必要なことから、30時間以上の残業を申告する人はおらず、結果として日常的にサービス残業が発生していました。

❖女性活用

当時、女性役席者は極めて珍しく、大半の女性は係員のまま結婚と同時に退職していました。働くのは結婚までと決めている女性も多かったのですが、結婚後も経済的理由などで働きたい女性も、結婚の報告に行くと「いつ辞めるの?」とその場で退職の話をされるのが普通でした。銀行側は退職して家庭に入り、時間的余裕ができたらパート行員として勤めて欲しいと思っていたようですが、女子行員のレベルは高く実務能力も十分でしたから、今考えるともったいない話です。

❖セクハラ・パワハラ

セクハラ・パワハラという言葉はなく、階段ですれ違いざまに女子行員のお尻を触る、「疲れただろう」と頼まれてもいないに肩を揉む、こうした行為は当たり前で、「スキンシップ、コミュニケーションの一種だ」と話す男性行員もいました。また、パワハラも普通に行われており「自分は厳しい指導で恨まれてもよい。本人もいつか感謝してくれるはずだ」などと話す役付者もおり、部下を厳しく叱責するパワハラ的な支店長も珍しくなく「支店長が店にいると次は誰が犠牲になるのか怯えて、みんな息を潜めてジッとしている」という話を聞いたこともあります。

2000年

1991年以降、バブル崩壊に伴い金融機関の不良債権が急増し、金融システムは機能停止寸前になりました。そして、1999年にようやく本格的な公的資金の注入が行われ、金融システムが安定を取り戻しましたが、具体的に2000年前後には次のような動きがありました。

1997年　三洋証券、北海道拓殖銀行、山一証券破綻
1998年　日本長期信用銀行、日本債券信用銀行破綻
1999年　金融再生委員会が大手行に対し本格的な公的資金を注入
　　　　第一勧業銀行、富士銀行、日本興業銀行が経営統合を発表
　　　　住友銀行とさくら銀行が合併を発表
2000年　三和銀行、東海銀行、東洋信託銀行が経営統合を発表
2001年　大和、あさひ銀行が経営統合を発表

このように、1999年の公的資金の本格注入を機に合併や経営統合が次々と起こりましたが、公的資金注入は簡単には進まず、金融機関は公的資金注入が経営の自主性に影響すること

を懸念し、多くの国民も「自分たちの会社が潰れそうになっても国は何もしてくれないのに、金融機関はなぜ私たちの税金で助けてもらえるのか」と不満を口にしました。

結果として公的資金注入で金融不安は解消に向かいましたが、その後、金融機関は厳しい道を歩むことになり、注入の条件として提出した経営健全化計画に従って、人員削減、店舗リストラ、福利厚生の見直しを行いました。

また、不良債権関連では金融再生トータルプランに基づき1998年に金融監督庁が設置され、1999年から金融検査マニュアルが用いられるようになりました。


そして、1990年代後半の相次ぐ金融機関の破綻で、大量の金融マンが転職をせざるを得ず、経営統合の発表の後にも「ポストが減る」「出身行で不利な扱いをされる」ことを恐れ転職した人がいました。総論としては、必要以上に優秀な人材を集めていた金融機関から社会に人材が供給される良い面もありましたが、個人レベルでは、早めの動きが功を奏して大手メーカーの財務部長に収まり活躍する人もいれば、外資系金融機関に入ったものの、実績が振るわず退職となり、再び転職活動を始める人など悲喜こもごもの感がありました。

当時の支店の様子

❖個人マーケット

１９８０年代半ばから進められていた金利自由化は、１９９４年10月の普通預金金利自由化で実質的に完了し、預金増強をベースとする量的拡大モデルは過去のものになり、預金が欲しければより高い金利を提示すればよく、ボーナス時期の預金獲得運動にも以前の熱気はありませんでした。

また、個人取引では、預金以外に様々な商品を取り扱えるようになりましたが、１９９８年12月の投資信託販売開始は画期的で、「銀行員は株に手を出さない」と考えていた銀行員が株と同様に価格変動リスクのある投資信託を販売することになり、当初はかなりの戸惑いがありました。

❖不良債権処理

支店では稟議書や査定書に格付けに関する書類が必ず添付されるようになり、自己査定や格付けが重要な仕事になりました。また、当時はバルク処理が本格化しておらず、不良債権の対応は債務者に対する元本返済や利払い、追加担保の交渉が中心でしたが、交渉は不発に終わることが多く、まさに「貸してしまったら借り手の方が強い」状況でした。

また、1999年からは金融検査マニュアルに基づく検査が開始され、ラインシートを挟んで支店長以下と検査官で格付が議論されるようになり、検査の控え室では検査官との議論を終えた支店長が、「うちの検査官は厳しくてまったく話を聞いてくれない」「検査官を何とか説得でき、ウチは格付けダウンはゼロだ」などと話をする姿がよく見られました。

❖貴職自ら

金融機関では顧客との交渉は課長以下が行い、支店長はお礼にのみ「出馬する」時代が長く続きましたが、この頃にはこうした文化も崩れ始め、支店長が〃貴職自ら〃動き案件を推進することが一般的になっていました。方針決定までの時間が短いことが最大のメリットでしたが、一方で支店長が一人で案件を進めることでチェックが働かず、結果として不良債権化した案件も多数ありました。

❖コンプライアンス

2000年当時はコンプライアンスという言葉はまだ一般的ではなく、金融機関を含め、コンプライアンスを会社経営上の重要課題とする企業は多くありませんでした。しかし、コンプライアンス管理態勢が金融検査マニュアルに基づく検査の対象になったのをきっかけに、各金融機関で体制作りが進み、コンプライアンス部（室）が設立され、法令遵守業務を担当するようになりました。ただし、現場でコンプライアンス意識が急速に高まることはなく、支店の会話の中にコンプライアンスという言葉が登場することもありませんでした。

❖女性活用

１９８５年に男女雇用均等法が制定され、２０００年頃には女性総合職もかなりの数に達していました。ただ当時は、入行後しばらくは女性総合職が同期の男性行員をリードしていても、20代後半になると結婚退職や、体力的な問題で脱落することが多く女子総合職が十分に定着したとは言えませんでした。

また、支店では女子の外訪担当が誕生しました。それまでもパート社員が集金等で顧客を訪問することはありましたが、正社員が顧客を担当するのは初めてで、預金グループの経験豊富な女子社員が外訪に移ることが多かったのですが、入社時の説明とは違うと不満を漏らす社員もいました。一方、育児休業については１９９２年に法律が施行されましたが、実際に取得する人はまだ一部にとどまり、女性活用はかなり進みましたが克服すべき問題も数多く残っていました。

2020年

バブル崩壊後、金融機関は経営統合や合併を行い、資産売却や給与福利厚生の見直し等のリストラを行ってきましたが、再び厳しい状況に直面しました。アベノミクスで企業の業績が回復し、以前であれば資金需要も増加し金融機関の収益も上向いたはずが、企業経営者が借金を嫌い、資金需要が有ったとしてもマイナス金利の影響で利ザヤが取れず、金融機関が景気回復の恩恵に与れなかったのです。

また、ここにきて新型コロナウイルスの影響で金融機関に借入れの申込みが殺到し、一時的に状況が変わったかに見えますが、赤字資金借入れの申し出であり、一巡後に企業業績悪化と前向きな資金需要不足に再び襲われる可能性が十分あります。

個人分野も、住宅ローンがネットバンクとの競争で残高が伸びず、収益源だった投資信託の販売も苦戦しています。また、店舗は来店客が減少し、統廃合が必要となり、さらにフィンテックやＡＩの進歩で新しい金融サービスが登場し、銀行不要論も囁かれています。

現在の支店の様子

❖法人取引の現状

現在、法人取引で収益を上げるのは容易ではありません。運転資金などの貸出は利ザヤが薄く、それを量的拡大でカバーしようとすれば不良債権化のリスクがあり、利ザヤが比較的厚い不動産関連融資もリスク管理の観点から限界があります。そして、デリバティブや仕組み商品の販売も顧客クレームや監督官庁の指導もあり、一時ほど活発ではありません。

こうした環境下で収益を上げるには、取引先との接触を密にし、M&A、海外進出、事業承継等の情報を一早くキャッチし商売につなげることが必要で、運転資金等の貸出はそれ自体で収益を上げるのではなく、企業とのリレーションを保ち情報を集めるための手段と考える支店長もいます。また、最近は新型コロナの影響で地元経済における金融機関の役割増大が言われていますが、コロナの収束が見通せない中、個々の取引先に対する支援は手探りにならざるを得ず、アフターコロナの法人取引の姿が見えてくるのはしばらく先になると思います。

❖取引先と支店長

取引先と支店長の関係も変わりました。最近は、メインバンクがネット銀行、資金が必要なときは飛び込みの金融機関を含め、提示条件が一番良いところから借りるなどドライな経営者が増えています。こうした経営者は支店長とはほとんど会わず、用事があれば秘書経由で連絡し、ゴルフや会食の誘いにも応じず、困りごとの相談に支店を訪ねることもありません。彼らの相談相手は同業の若手経営者や昔からの友人で、問題があれば友人等から紹介を受けたコンサル会社と契約することが多いようです。

❖金融機関の非金融サービス

こうした状況に対し、金融機関は顧客に「価値のある非金融サービス」を提供する必要があり、具体的にはビジネスマッチングやM&A情報の提供などを行っています。ビジネスマッチングはスタートして20年以上が経過していますが、最初は付き合いで参加していた企業も、今では新規先開拓の方法として〝飛び込み〟よりはるかに効率が良いことに気づき、積極的に利用しています。

M&A情報も顧客のニーズにマッチすれば大いに喜ばれ、関連証券会社に手数料が入り融資案件につながる場合もあるので、支店にとって魅力的です。これらに加え、最近は取引先へのコンサルティング業務に力を入れ始めている金融機関もあり、新型コロナウイルス禍から立ち直る過程で取引先の力になることが期待されています。

しかし、金融マンは融資先として取引先を見るのは慣れていますが、先方のビジネス自体に精通しておらず、経営戦略やマーケティングについてのアドバイスは苦手で、提案が人件費を削減する、遊休不動産を処分するなどリストラ面に片寄りやすい傾向があり、この点の工夫改善が必要であると思います。

❖個人マーケットの動き

個人マーケットも難しい局面にあります。住宅ローンは低金利を売り物にするネット銀行との競合が激しく、職域等で他行住宅ローンの肩代わりを実施しても、多くの場合は他行も同様の行動に出るため思うように残高が増えません。投資信託も個人部門の収益の柱と期待しましたが、金融庁から販売方法の問題を指摘され、伸びも鈍化しています。顧客は投信の購入の際に販売手数料を、その後も毎年信託報酬を支払わねばならず、資産を増やすのは予想より難しいことに気づきました。また、２０１０年前後の株価低迷期には多額の損失が発生し、販売手数料を目的とした乗換営業もあり、今では「投資信託はもうこりごり」と思っている顧客も多く、金融機関は投信の商品内容や販売方法について見直しをせざるを得ない状況にあります。

❖インターネットバンキング

最近のシステムに関する大きな動きはインターネットバンキングです。

２０００年頃に開始され急速に発展し、過去10年で支店への来店客数は30～40％程度減少し、問題となっていた「客待ち時間の長さ」も解消に向かっています。しかし、来店客数の減少は同時に、店頭セールスの機会の減少や顧客との関係の希薄化を意味し、支店の存続価値は低下し統廃合を加速させる結果になりました。

また、インターネットバンキングは犯罪防止のためにセキュリティが強化された結果、操作が複雑化し、高齢者には極めて使いにくいものになっています。

❖若手男性総合職の問題

現在、支店の戦力低下が著しく、特に「ゆとり世代」の若手男子の問題は深刻になっています。挨拶をしない、現場の仕事を嫌がる、仕事を溜め込む、顧客訪問を怖がる、ミスを指摘すると「自分は金融機関に向いていない」と簡単に退職を口にする、等々の事態が起きており、管理者の負担が増え、大切な案件は支店長以下の役席者が直接対応することが多くなっています。

❖育休産休

育休産休の取得は一般的になり、「結婚や出産時には退職するもの」といった考えは過去のものになりました。日本全体が女性の社会進出に取り組んだ成果ですが、背景として、労働力不足で育休産休取得後の復帰を望む企業側の事情や、所得の伸びの鈍化から共働きを希望する女性が増えている事情もあります。

一方、男性の育児休暇は社会全体の取得率が10％にも達しておらず、金融機関の支店でも取得した例は少なく今後の課題となっています。

❖女性活用

金融機関の女性活用はこの20年で大きく進み、女性総合職の数は大幅に増え、役員への登用も始まりました。こうした背景には、先ほどの産休育休制度の定着、残業削減、共働きの増加などもありますが、女性が「結婚や出産を理由に自分の夢や希望を諦める必要はない。困難もあるが、工夫や努力で乗り越え仕事を続けることはできる」と考え始めたことが大きかったと思われます。

今の時代、女性課長や女性担当者の方が男性行員よりコミュニケーション能力が高く、顧客との関係も円滑に進むことも多く、支店長の高い信頼を得ています。また派遣スタッフの重要性も増し、店の事務を支え、ときには新人教育も行い「女性の活躍がなかったら、今頃支店は一体どうなっていただろう」と思っている支店長も多いはずです。

❖働き方改革

ここにきて、「働き方改革」が流行語になるなど社会の意識が大きく変わり、残業短縮や有給取得は大きく前進し、金融機関でも毎晩10時過ぎに支店を出ることはなくなり、7時過ぎの退社も珍しくなく、有給休暇を2週間近く取得させている支店もあります。人事部の指導や機械化システム化の進展、支店事務のセンター集中等の成果だと思われますが、残業の多かった金融機関で時短が進んだ背景には、来店客数や貸出等の案件の減少もあると思います。

❖パワハラ・セクハラ

銀行側もビデオでの研修を義務付けたり、加害者をポストオフするなど厳しい対応をしていますが、行員のパワハラ・セクハラは未だになくならず、パワハラ・セクハラの訴え件数も増加しています。原因としては、パワハラ・セクハラの意識の高まり、相談窓口の開設などで訴えが容易になったことなどがあると思いますが、中には通常の仕事上の注意をパワハラとして訴えるケースもあります。それを恐れて管理職が部下の指導に消極的になるなどの現象も起きており、ハラスメントの予防と解決には課題がまだ数多く残っています。

❖コンプライアンス

コンプライアンスは極めて重要な経営課題になり、金融機関も法令遵守に人員とエネルギーを投入し、組織を整備し、通達を出し、研修を実施してきました。しかし近年、書類を改ざんし不正に融資を行う事件が相次いで発生し、組織的関与も疑われ、ノルマ至上主義の前にコンプライアンスはまったく機能せず、今までの体制整備は何だったのかと思わざるを得ませんでした。

また、現場ベースではコンプライアンスが法律を守るだけでなく、社会の規律全般を守るという幅広い概念であるために判断がつきにくく、混乱する場面もあります。本部に相談すればよいのですが、上司が必要以上に「コンプラ上問題があるかもしれない」「個人情報保護に反しないか」と心配したり、「俺が言ってるのだからコンプラは大丈夫だ」と根拠なく言い切ったりと、正しい理解や運用にはもう少し時間が必要と思われます。

第1章

営業推進の悩みに答える

1. 支店運営についての悩み

1 支店運営方針の立て方と進め方について教えてください

❖方針作成前に部下全員との面接を実施

誰でも支店長として着任したときに色々なことを考えます。中には「この店はオレには小さ過ぎる、ここは無難に乗り切って次の店で勝負だ」などと思う人もいるかもしれませんが、人事は思うようにはいかないもので、もしかするとここが最初で最後の支店長ポストかもしれません。そう思って自分はこの店で何をしたいかを真剣に考えて支店運営方針を作ってください。

しかし、部下の意見や希望と大きく異なる方針を掲げてしまうと「何を考えているのか、ズレている」と言われ、新しい支店長への期待が一気に冷めてしまいます。こうした事態を避けるために、方針を作成する前に部下全員との面接をお勧めします。面接では部下の名前と顔を覚えるだけでなく、部下がこの店についてどんな印象を持ち、どう変えて欲しいと思っているかをヒアリングします。

すでに自分がやりたいと思っていることがあれば、そのときに考えを話し部下の感触を探ってください。良い反応がなければしばらくはお蔵入りです。また、方針を決める際に副支店長や役席に意見を聞く方法もありますが、彼らは支店長との距離が近く支店長の顔色を見ながら発言することもあるので、全員面接でみんなの希望、要望、不満、意見を吸い上げることを優先し、その結果を元に目標や方針を立ててください。

❖半期ごとに目標の達成状況をチェックする

そして、大きな目標や方針は3件程度にします。現在の支店は人数も少なく毎日の仕事をこなすだけで精一杯で、多くの課題に取り組むのは難しいからです。また「支店一丸で」「スクラム組んで」「元気よく」などの方針は抽象的かつ新鮮味に欠け、部下の心にはほとんど響かないので、具体的かつ達成状況が測定できる内容にします。

また、方針を発表しただけで満足してしまい、その後何のフォローもしない支店長がいますが、部下も「また今度もすぐ忘れてしまうだろう」と思いながら聞いているかもしれません。この言い放しを防ぎ着実に店を変えたいのなら、半期ごとに目標の達成状況をチェックし、次の期の最初に前期の達成状況と新たな目標を皆の前で発表してください。この作業を在任期間中に繰り返し行うと、自分が離任するときには店の姿が大きく変わっているはずです。

2 支店でPDCAサイクルを実践したいのですが

❖最初の作業負担が大きいと上手くいかない

まず、店全体でPDCAサイクルを回すことはお勧めしません。計画（P）を作り、実行（D）し、結果を評価し（C）、必要な改善（A）を行い、次の計画につなげていくのがPDCAサイクルですが、残念ながら支店全体で実施し成功した例は聞いたことがありません。プランの完成までにエネルギーを使い果たし、実行する頃には疲れてしまい、チェックやアクションまでたどりつけず、上司もその頃には関心を失っている。こうした話があちこちに転がっています。

PDCAサイクルではないですが、取引先概要表を作成して毎年更新し、きめ細かな営業を徹底する話もよくあります。これも概要表を一通り作り終えると満足し、その後は活用されず、次年の更新もなく陳腐化してしまうことが多く、パターンとしては同じです。いずれもアイデア自体はよいのですが、最初の部分で多大の労力を要するのが問題で、プランや概要表を作るだけで達成感を覚え、次のフェーズに進まない「手段の目的化」が起きてしまうのです。

❖支店長の仕事はＰＤＣＡサイクルそのもの

ただし、支店長の仕事となると話は別です。支店の方針を決めて運営し、結果を見て必要があれば軌道修正する、支店長の仕事はまさにＰＤＣＡサイクルそのものです。支店長は以前より忙しくなりましたが、まだ担当者に比べれば自由になる時間もあるので、店を代表してＰＤＣＡサイクルを回してください。

筆者が支店長のときは時短が目標の一つで、期初に前期の残業短縮と有給取得状況を確認し、今期の目標を立てて発表し、毎日管理していました。この作業を繰り返したことで残業は大幅に減り、有給取得も当初の倍にまで増やすことができました。

支店長自身がＰＤＣＡを行うときの注意点としては、まず、部下に様々な資料を要求しないことです。資料作成は残業の原因になるので、依頼する資料は最小限でＰＤＣＡを行います。また、ＰＤＣＡサイクルを回しているうちに、支店を取り巻く環境やニーズが変化し、テーマが陳腐化することがあります。こうしたことが発生しないよう、部下との面接や日常の会話を通してＣＨＥＣＫし、もしそうであればＰＬＡＮ自体を入れ替えるなどのＡＣＴＩＯＮを行ってください。

3 部下に指示した後のチェックは自分ですべきですか

❖具体的指示を出し自分で進捗をチェックする

「指示後のチェック」の前に、指示そのものについて少しお話しします。支店長のなかには、部下と議論をし全体の方向は決めても、その後誰が、いつまでに、何をするか、という具体的な指示をしない人がいます。しかし、支店長が全体の方針を決め「あとは良きに計らえ」「具体的な指示は役席が」というのは昔の話で、今は議論の参加者に支店長が具体的な指示をして、初めてその場が完結すると思ってください。

次に本題の「進捗のチェック」ですが、自分で行わない支店長は「部下を信頼し任せているのでチェックしない」などと言いますが、「口うるさくチェックして嫌われたくない」「いちいち進捗をチェックするのは面倒だ」「自分の仕事は指示を出すところまで」というのが本音です。しかし、いかに口うるさく思われようと、指示後の進捗状況のチェックは上司の仕事そのものであり、行わないのは管理職として仕事を放棄しているに等しいのです。

チェックをしないと「この支店長は指示を放置しても大丈夫、怒らない」と思われ、部下を動かし店の実績を伸ばすなど、夢のまた夢になります。言いっ放しでは、部下は自分の思っている半分も動いてくれません。実際に部下を呼んでチェックをしてみると、期待通りに動いていないことがよくあります。忙しくて手が付けられなかった、段取りや相手への言い方を考えていた、など状況は様々ですが、動いていない理由を良く聞き、再度指示を出し、ときには「ケツ叩き」も必要で、これも管理職の仕事です。

❖チェックしなくても部下が動く方法

最後に、チェックを忘れても部下が指示通り動いてくれる方法を教えます。

部下と話をしていて、これまでに指示していたことを思い出したときは、話の最後に「ところであれどうなった」と進捗を確認するのです。これを繰り返していくと、部下は「支店長は自分の出した指示を忘れない」「進捗をしっかりチェックする人だ」というイメージが植えつけられます。そうなると部下も、チェックがなくても「そろそろ支店長のチェックが入る頃だから片付けておかないと」と仕事を終わらせるようになります。「チェックを忘れても、部下はこれからチェックが入ると思い動く」というマジックです。

4 指示したメールを読まない部下がいるのですが

❖情報の伝達度合は送り手のエネルギーに比例する

指示を確実に伝えたいのなら、相手を呼んで直接話をすることです。部下は毎日大量のメールを受け取っているので、大部分はチラ見、無視、廃棄の対象になり、何日も開封しないまま放置し、重要なメールを見逃すことも珍しくありません。

メールを読んでもらえないので、タイトルに「重要」とつけたが、他の人も次々と「重要」をつけ始めたので結局開封率は上がらなかった、本当に重要なメールは返信しないと催促されるのでそれまでは返事をしないなど、すでにメールは「すぐに開封されて返信してもらえる」通信手段ではなくなっています。したがって、自分が出したメールが未読の時に「何で見ていないのだ」などと怒っても仕方ないのです。

相手へ情報が伝わる度合は、送り手が使ったエネルギーや熱意に比例します。一斉メールは簡単に多くの相手に情報を伝えられ便利ですが、受信者の受け止め方も「何か来てるな」程度で開封しない人もおり、送信側の自己満足に終わってしまうことも多いのです。それと、重要なメールの場合、部下に「読んだ」旨の返信メールを求める人もいますが、部下は信頼されていないと感じ、良い印象は与えません。

また、メールは誤送信や未送信のリスクもあり、相手側の反応も分からないので、情報や指示を確実に伝えるには、やはり相手を呼んで話す、当人がいなければ電話で伝えるのがよいと思います。そして多くの人に伝えたいなら、メールを送ったうえで朝礼や夕礼で再度話す必要があります。

❖メールでのノウハウの共有は難しい

それから、最近はメールによる成功事案の情報共有が盛んに行われています。競争意識を高める点ではよいかもしれませんが、ノウハウを広めさらなる案件獲得を目指すという点では効果は薄いと思います。

営業担当者はそれぞれ持っているお客様や案件の進め方が違うので、他人の成功事例にあまり興味がなく、メールはチラ見程度で終わってしまうのです。他の営業マンのノウハウを本当に部下に伝えたいのなら、個々の案件でアドバイスする際に、そのノウハウをそれとなく入れて話すなどの細かな工夫が必要です。

5 店の業績を伸ばしたいのですが部下がついてきません

❖お客様への訪問は部下と一緒に行く

「支店長として一所懸命に案件を進めてきたが、ふと後ろを見たら誰もいなかった」という話をよく聞きます。部下は普通、支店長についていくものですが、支店長が言うことをコロコロと変える、部下の意見を聞かない、勝手に動いてフィードバックをしない、などが続くと気持ちが失せてしまうのです。支店長は「部下がついてくるのは当たり前」と思っていますが、今の人は表面的にはともかく、心の中では驚くほどあっさりと上司を見切ります。

こうしたことが起きないように、ここでは部下と一緒に仕事を進める方法を学びましょう。

まず、お客様訪問を一人で行っているなら、それを改めて部下と一緒に訪問するようにします。そして、事前にお客様の状況を聞き、面談時に話して欲しいことを教えてもらい、帰りには話を整理し、部下の印象なども聞きます。このプロセスだけでも話す時間は増え、部下との距離も縮まります。

❖部下の議論を踏まえ方針を導き出す

そして、新しい話が出たら支店に戻り関係者に伝えますが、支店長はそのときに「次はこう動け」と指示する代わりに、「どう動こうか」と部下の意見を聞きます。入社4〜5年以上の部下であれば、かなりの確率で正しい答えが返ってきますし、ときには「そういう方法があったのか」と感心することもあります。

支店長は指示したい気持ちを抑え、司会進行役のつもりで部下の議論を整理し、結論を導き出すのです。そして方向が見えたところで、「ではそうしようと」話を締めくくり、役割分担や今後の動きについて具体的な指示を出します。そしてアクションを起こした後に報告をもらい、必要があれば再び皆で集まり議論します。この方法は議論に時間がかかり、最初はじれったいですが、慣れてくると議論もスムーズに進み、何より自分たちの意見が反映されるので、部下の反応やその後の動きが違います。

支店長のなかには、自分でやった方が早いと一人で勝手に案件を先に進める人がいますが、これでは部下は意見を言えず、処理するだけになります。この方法でも一時的に店の業績は伸びるかもしれませんが、部下のスキルが上がらないため良い業績を持続することはできません。

6 「部下に任せる」と「率先垂範」はどちらが適切ですか

❖任せるときは部下の実力や仕事の状況を考えて

「部下に仕事を任せることで部下がやる気を出し、成長を促すことができる」と言われていますが、筆者も基本的にはこの考えに賛成です。任された部下が仕事を確実に行い、物事が順調に進むのであれば組織としてこんなによいことはありません。しかしながら、現在の支店は人員削減や若手男子の伸び悩みで戦力が低下しており、積極的に仕事を任せたことで思わぬトラブルが発生したり、お客様に迷惑をかけてしまう可能性があります。

また、部下も任されたことを重荷に感じたり、期待に応えられないと自信を喪失することもあります。任せる場合は当人の実力や仕事の状況をよく見極め、頑張れば達成できる、もしくはそれを多少上回る程度の負荷に止める必要があります。また、今の若手は突然ギブアップすることがあるので、途中で声をかける必要があります。それと、時間がないなどの理由でやむを得ず仕事を部下に「任せる」場合がありますが、部下は仕事を押しつけられたと感じることがありますので、依頼する際にはしっかり動機付けを行ってください。

❖率先垂範ではなく部下と相談しながら前進する

次の率先垂範は、支店長が自ら動くことで部下の刺激になり、お客様からも「今度の支店長はよく動く」と評価されますが、支店長が一人で動くと「支店長案件」としてストップをかけたり意見を言う人がいなくなり、融資案件などで店に損害を与えるリスクもあります。また、率先垂範は「人の先頭に立って模範を示すこと」ですが、先頭に立ったつもりが部下がついてこなかったり、案件を支店長自ら決めても、部下は「支店長の肩書があるからできたので自分たちには無理」などと思い、模範にならないこともあります。

筆者が勧めるのは「任せる」でも「率先垂範」でもなく、「部下と一緒に相談しながら前に進む」方法です。支店長が一人でできることには限りがあり、部下と一緒に案件を進めていかなければ大きな成果にはつながりません。そのためには、方針を部下と相談の上で決定し、それぞれの役割分担を決め、アクションを起こし、結果を報告し合い、目標に向かって進むことが必要です。

2. 営業推進についての悩み

① 部下に取引先への関心を持たせる良い方法はないですか

❖取引先のことを知らずに攻略するのは困難

お客様を知るのが営業の第一歩です。しかし、営業の目標や毎日の事務処理で頭が一杯で、お客様に関心が向かない担当者が多いのも事実です。支店長が「このお客様はソフトウェア開発とあるが、具体的にどんなソフトを作っているのか」と聞くと、部下は「さぁ、そこまでは知りません」と答えるなどは、いかにもありそうなやりとりです。

お客様を担当したらその会社の攻め方を考える前に、主力商品はどのようなもので、何に使うのか、その商品は売れているのか、販売先はどこか、社名の由来は、社長の出身地は、などについてよく知る必要があります。また、お客様と仲良くなりたいのであれば、一方的に銀行や金融商品の話をするのではなく、「自分の会社のことを知って欲しい」というお客様の気持ちを理解して話を聞くことが大切です。

❖お客様への役に立つ提案を目標に入れる

部下にお客様の話を熱心に聞かせるよい方法があります。それは半期に3件、お客様の役に立つ提案をすることを各人に目標として課すのです。お客様に提案した内容を聞いたうえで役に立ったかどうかは先方に確認し、期末の営業評価に反映させます。そうなると、担当者も会社の話を聞かざるを得ず、その過程でお客様のことをいかに知らなかったか気づきます。また、アイディアを出してお客様の反応を探ることも必要で、これを毎期続けていくと、提案先に対する理解は大幅に進み、お客様の話を聞く習慣ができ、それ以外の会社についても情報量は増えていきます。

提案内容も最初は営業がらみでなくても、お客様が感謝してくれれば十分です。しかし、徐々に案件につながる提案が入るように、例えば3件中1件は金融関連の提案にすることを条件にします。本部から指示された商品をパンフレット片手に営業しても契約の確率は低いですが、このようにお客様のことを理解し提案する習慣をつけていくと、案件成約率は確実に上がり、プレゼンテーション能力もアップします。

お客様の印象も「自分の会社に関心を持ってくれ、熱心に提案してくれる良い営業担当」と変化し、「日頃お世話になっているので…」と思わぬ案件が飛び込んでくることもあります。多少は迂回生産で時間もかかりますが〝急がば回れ〟と思い試してみてください。

2 無借金企業に対する攻め方を教えてください

❖支店長が社長と話ができる関係を作る

支店のテリトリーに財務内容が良い無借金の会社が存在することがあります。新規担当者が交代すると一度はアタックを試みるのですが、財務担当者への挨拶程度で終わることが多く、社長面談や取引に至ることはありません。こうした企業と取引を開始したいなら、まず支店長と社長が親しくなり、悩みを相談してもらえる関係を作り上げることが必要です。

会社の規模にかかわらず経営者は様々な悩みを抱えています。新人が採用できない、工場の騒音で近隣とトラブルある、後継者がいない、納入先からコストダウンを求められている、営業手法がマンネリで売上が伸びない、残業が多く労働基準監督署から注意を受けている、などです。しかしながら、社長がこうした悩みを相談したくても役員や部下に適当な人がいないため、困っていることが多いのも事実です。

まず、新規担当者が熱心に訪問し支店長の社長への挨拶のアポを取り付けます。支店長が面談しても最初は世間話が中心ですが、これが大切で、会話の中で社長の出身地や学校や趣味や友人のことなどを聞くようにします。趣味がスポーツ観戦であれば、プレミアムチケットを手に入れ一緒に観戦し、釣りが好きなら店内の釣り好きを担当にし、共通の友人を探して会食するのもいいでしょう。支店長の一所懸命さが伝わり「○○銀行の支店長は面白そうだ」「若いが熱心だ」と思ってもらえれば成功です。

❖相談事を解決することで取引につなげる

何度か面談しているうちに、社長がポロッと悩みを打ち明けたり相談事を始めたら、ビジネスに関係がなくても問題の解決に全力を尽くします。そして、最後に社長が感謝の気持ちからビジネスにつながる話を持ち出してきたらチャンス到来です。社長から財務担当者に話が伝わるので今度は熱心に話を聞いてくれ、取引の可能性も出てきます。

これが成功へのプロセスですが、支店として労力もかかりますので、ターゲットは成功したときに相応のメリットが期待できそうな先を選びます。それと、努力にもかかわらず結果が伴わないことも当然ありますので、半年か1年経っても悩みや相談事を持ちかけられなければ、訪問の頻度を落としたり、少し休んでみるのも一つの手です。その後に「おやっ?」と思った社長から電話がかかってくるかもしれません。

3 メインバンクの概念がない取引先にはどう対応しますか

❖メインバンクの本来の役割は薄れる

最近メインバンクを持たない企業が増えています。また、メインバンクに関する調査で「メインバンクはネット銀行」などと不思議な回答をするところも出てきました。超金融緩和政策で借入れが容易になり、メインバンクを持たない企業は、レートの良い先から、飛び込みでも条件が一番良ければそこから借入れをします。また、最近は銀行もメインであることを理由に業況不振時に企業を救済することが減っており、以前よりメインバンクの意味は薄れているかもしれません。

また、今回の新型コロナウイルス禍による売上減少で金融機関に駆け込み、メインバンクを持たないことを反省した企業経営者もいると思いますが、借入れだけの関係であればそうした意識もコロナウイルスの収束とともに薄れてしまうと思います。

❖メインバンクのホームドクター的な役割を説明する

しかし、現在の銀行のサービスはお金を貸すだけではありません。メインバンクなら制度融資の内容だけでなく、今後の地域経済の見通し、金利や為替相場の動きなど金融経済に関する質問に親切に応じ、また海外進出の際には様々な情報を提供してくれます。さらに、亡くなった親の預金の取扱い、マンション購入資金、社長の留学中の子供への送金、などで話を聞きたければ親身に相談に乗ってくれ、従業員も住宅ローン金利等で優遇を受けることが可能です。メインバンクは取引先に「お願い」もしますが、金融に関わる困りごと、相談ごとに対してホームドクターのように動き、使ってみると「相談してよかった」「メインバンクは役に立つ」と思うこともあるはずです。

メインバンクを持たない取引先にこのような話をして、「メインをどこにするかは社長の判断ですが、メインバンクはあった方が良いと思います」「同業者や友人の経営者の方にも意見を聞かれたら…」と勧めてみてください。また、こうした話をすることは、自分たちがメイン先に対し「売り込み」や「お願い」が優先になっていなかったか、メインバンクとしてふさわしいサービスを提供してきたかを考える良い機会にもなります。

4 前向きな資金需要を見つける良い方法はありませんか

❖新型コロナウイルス対策の貸出は一過性

少し前まで、資金需要が一向に盛り上がらず、融資ボリュームや資金収益の目標を達成するために、無理な貸込みを行い不良債権を発生させてしまう話をよく聞きました。

ところが、ここにきて新型コロナウイルスの影響で制度融資などの申込みが急増し、貸付課はお客様対応に追われ極めて忙しい状況にあります。しかし、貸出の性格としては売上げ急減に伴う赤字資金で、一過性であるべきもので、この新型コロナウイルス関連の貸出が一巡すると以前の資金需要不足の状況に戻る可能性があります。その時点でも、新型コロナウイルスの影響から立ち直れず、借入希望の企業があるかもしれませんが、簡単に応じることは難しく、先を見て今から前向きの資金需要を探す必要があります。

❖融資につながるプロジェクト案件の発掘に努める

今の時代、融資を伸ばし資金収益を上げるには、新本社建設、工場の新設や移転、海外進出、M&A、事業承継などプロジェクト的な案件を発掘する必要があります。また、この中には今回の新型コロナウイルスの影響を受けての新たな事業展開も含まれます。こうした案件は、資金収益に加えて手数料収益等も期待できることも多く、半期に1、2件あれば支店全体の収益計画も立てやすくなります。ただし、毎期1、2件の案件を取り込むためには、かなりの数の案件在庫を確保しておく必要があります。

案件発掘は、事柄の性質上先方のトップとその周囲の数人しか知らないことが多いため、支店長が直接社長に話を聞いて進めます。それと、新型コロナ対応案件は別かもしれませんが、一般的には実現に時間がかかることが多いので、着任早々から案件の発掘に努める必要がありますさもないと自分の在任期間中に成果が出ないおそれがあります。

あと、貸出は企業あてでプロジェクトのリスクを直接取るわけではありませんが、プロジェクトの成否はやはり重要な要素であり、十分にチェックしてください。事業計画を精査してみると売上予想が過大であるなど問題が見つかることがあり、その時は先方の社長や案件の責任者に話をする必要があります。それも取引金融機関の大切な仕事です。

5 今期は不振なので来期の材料発掘に注力したいのですが

❖今期は諦めて来期に挽回は困難

期によって数字が不振のまま後半戦を迎えることがあります。このときに「どう考えても今期の目標達成は難しい。これからは来期の挽回を目指し材料探しに力を入れよう」と考える支店長がいます。現実的な判断に思えますが、これで次の期に良い成績を残したという話を聞いたことがありません。

部下は「来期のことは来期に入って」と思っていますから、「今期は何もしなくてよい」と言われたのと同じで、気持ちが一気に緩んでしまいます。その結果、今期の数字が伸びないだけでなく、来期の材料探しも進まず、場合によっては期が変わってもエンジンがかからないこともあり、一見合理的な判断が思わぬ結果を生んでしまうのです。

それでは、目標達成を諦めずに部下を叱咤激励すればよいでしょうか。残念ながら今の時代これで奮起する人は珍しく、逆にプレッシャーを感じる人の方が多いでしょう。その結果、部下は苦し紛れに案件を探し、後から「無理に契約をさせられた」とクレームが入ったり、獲得した新規先に問題が発生したり、ときに不正が疑われる案件が紛れ込んだりするのです。また、部下にパワハラで訴えられる可能性もあり、この方法も良い結果は得られません。

それと稀に「変にジタバタしても仕方ない」と何も手を打たず、いつも通り仕事をこなし期末を迎える支店長がいますが、部下はそうした支店長を「ドッシリとして物事に動じない人」とは評価しません。多くの場合「この人は実績や数字に対しあまり関心がない」「淡々と仕事をしてればいいんだ」と思われ、彼らのやる気に悪影響を与えます。

❖現実的な目標を再設定しそこへ向かって頑張る

筆者は「表彰は無理でも、この程度は達成しようと現実的な目標を再設定し、それに向かって皆で頑張る」ことを勧めます。これには特定の項目で目標突破を目指す、すべての項目で今より10％数字を伸ばす、など様々なアプローチがありますが、ポイントはいかに「頑張れば手が届く目標」を再設定できるかです。この目標に向かって頑張ることで部下のモラールが維持でき、仮に時間切れの場合でも結果として来期の材料発掘になります。

そして、ときには思わぬ案件が持ち込まれ実績が上がることがあります。そのときによく「神様は見ていてくれた」などと言いますが、それは神様でなく「お客様」が最後まで努力している部下の姿を見て、案件を出してくれたのです。

6 早帰りをすると成績が落ちそうで不安なのですが

❖時短を進めると逆に成績はアップする

心配は要りません。時短を進めると逆に成績はアップします。誰もが日本人は勤勉で朝から晩まで熱心に働いており、労働時間を短くすればアウトプットも減ると思っています。「売れなければ残業して頑張れ」「時短や有休取得は活動時間が短くなり、成績が落ちるので積極的になれない」これが日本企業の伝統的な考えで、時短が叫ばれている今でも内心こう思っている管理職は多いと思います。

ところが日本の1時間当たりの労働生産性は主要先進7ヵ国で最下位、米国やフランスの3分の2程度という事実もあります。外国人が日本人は勤勉と聞いていたが、一緒に働いてみるとダラダラと仕事しており驚いたという話を聞いたことがありますが、長時間労働のために無意識のうちに仕事の密度が薄くなっていると思われます。

確かに、仕事の途中でペースを落としたり休憩することはあります。お客様と長々と世間話をする、終わりを決めずに延々と会議をする、1日に何度もタバコで席を外す、トイレのついでにお喋りをするなどです。実はここに早帰り、時短による成績アップの鍵が潜んでいます。

❖付加価値の低い部分を圧縮し仕事に集中する

こうした付加価値の低い部分を圧縮し早く帰れば、オフの時間が増え心身のリフレッシュができ、それが仕事への集中力や意欲を高め、実績が伸びるのです。自宅で休んでいる間にいいアイディアを思いつき、仕事が上手く進むなどリフレッシュの効果は予想以上です。

ただし無理やり時短を進めると、繁忙感が高まりミスも起き、今までのペースを崩されたことを部下が不満に思うので、退社時間を早めるにしても半期に15分程度に抑えるなど、時短は粘り強くゆっくりと進めます。その間に部下は新しい仕事のリズムに慣れ、同時に早帰りのメリットを実感し「オフの時間がこんなに大切とは思わなかった。勤務時間中は仕事に集中し、やるべきことを行って早く帰ろう」と考えが変わってきます。

フランスでは、長期のバカンスと週35時間労働制の導入で、労働生産性を大いに高めました。それと同じことをあなたの支店で実現させることは不可能ではありません。早く帰れ、店の成績もアップすれば部下のモラールも大いに上がります。「フランス流早帰り支店」を目指してぜひチャレンジしてみてください。

7 取引先にお詫びをするときは何に注意しますか

❖謝罪時に言い訳をしない

金融機関のミスやトラブルは、支店長が謝ることで初めて解決することが多く、取引先への謝罪は単なる部下の尻拭いではなく、自分の大事な仕事であることをまず理解してください。

謝罪に行く前に、ミス自体なのか、対応の遅さなのか、口の利き方なのか、何に対してお客様が怒っているのかを部下からよく確認します。また、そのお客様との取引開始の経緯や紹介者、取引歴、最近の取引状況などを調べ、謝り方もそれらを踏まえて考えます。こうしたことを省略しお客様のところで、ただ「申し訳ありませんでした」と頭を下げる支店長がいますが、すぐに準備不足を見破られ、火に油を注ぐ結果になってしまいます。

お客様を訪問し、部屋に通されたら着席せずに相手を待ちます。ソファにどっしりと腰掛け、相手が入ってきてあわてて立つようでは謝罪はうまくいきません。そして面談が始まったら、まず頭を下げ謝罪し、自分たちの何が不適切で迷惑をかけたかをきっちりと話します。なかには謝罪で訪問しながら、雑談を始めてすぐに謝らない人がいますが、相手は苛立ってしまいます。また、謝罪のときには言い訳をしないことです。長々と言い訳をされると、相手は「何のために来たのか」と不快になります。謝罪に対し相手が理解や同情を示すとホッとして言い訳を話し始める人もいますが、これも一緒で、相手は怒りを抑えて面談しているので、少しの対応のミスでまた怒りに火が付きます。

❖前もって具体的な再発防止策を準備しておく

時々ミスをした部下のことを「よく叱っておきました」と言う支店長がいますが、自分の責任を認識していない印象を与えるので、「自分の指導や教育が不十分でした」と謝ります。それと、面談の中で再発防止策を聞かれることがあります。このときに「指導を徹底します」といった抽象的な答えだと「今回の件を真剣に受け止めていない」と思われる可能性があるので、前もって具体的な再発防止策を準備しておきます。また、他の話はしないことも大切です。訪問の目的は謝罪ですから、案件等の話があっても「日を改めて伺います」と、その日は帰ります。

いずれにしても謝罪はやさしい仕事ではありません。しかし、謝罪をしっかり行うと、部下から「頼りになる支店長だ」と大いに評価され、お客様からも「金融機関はどこも同じかと思ったが、あなたのところは違う」と見直されるきっかけになります。

8 取引先の接待を成功させるポイントは何ですか

❖取引先の好みをチェックし店は事前に視察する

接待成功のためのキーワードは「気配り」「気遣い」「部下任せにしない」です。まず店選びですが、先方の会社や主賓の住所を確認し、そこからの距離や時間を考えます。最近は店をネットで探すことが多いですが、現地の事前チェックが必要で、行ってみると、畳が擦り切れていた、襖が汚れていた、トイレが汚い、部屋が狭い、店内がうるさい、従業員の態度が良くない、など色々なことが分かります。また、そのときに、店は探しやすい場所か、鍋やすき焼きの場合は取り分けをしてくれるか、腰痛の人もいるので畳の場合は掘りごたつ形式になっているか、喫煙できるかも確認し、できない場合は喫煙所の場所も見ておきます。

あと、店選びの前に先方の好みや苦手な食材のチェックも必要です。「カニづくしを選んだら先方がカニアレルギーだった」では話になりません。料理は和食が無難ですが、相手が接待慣れしていると「今日も和食か」と思われる可能性もあるので、その場合は先方に様子を聞いてみましょう。また、洋食のときは、高価なワインを注文し予算オーバーとならないように、銘柄や本数を店の人と相談しておきます。それと夏のカニ、冬のウナギなど季節感のない選択は相手に不思議に思われるので避けましょう。

❖案内状や土産物にも十分な気配りを

案内状はメールで送ることもありますが、支店長主催の会食は担当者が案内状を持参します。それと大切なのは、先方の肩書きや名前を間違えないことです。古い名刺を見て作成した、漢字を見間違えたは言い訳になりません。相手は気分を害しますので、必ず支店長自身で案内状を確認してください。

土産を渡す場合は「なかなか美味しい。どこで売っているのだろう」と思われるようなものを渡します。しかし、こうした土産は簡単には見つからないので、接待されたときにもらった土産で印象的なものを書き留めておき、そこから選びます。それと、相手が電車のときの重い土産、2人暮らしの相手への量の多い菓子、単身者への調理が必要な生ものなどは避けましょう。また、見送りするまでが接待ですので、タクシーチケットを渡し忘れる、お供の人への土産を主賓に渡してしまう、などの失敗をしないように最後まで気を抜かないことが大切です。

9 地域とはどうお付き合いしたらいいですか

❖地域の一員としての活動を再スタートさせる

金融機関の今後の動きとして、ＡＩやフィンテックへの積極的な取組みが言われていますが、それと同時に地域金融機関として生き残るために、地元とのつながりを今まで以上に強める必要があります。もちろん、今でもしっかりと地元と密着している支店もあると思いますが、全体としては金融機関の地元との関わりが以前に比べて弱くなっている感じがします。

昔は支店長が町の会合などに顔を出し、支店全員で金融機関名入りの浴衣を着て盆踊大会にも参加していました。ところが、バブル崩壊後の経費見直しや人員削減の影響で支店の余裕がなくなり、営業手法も地元からの幅広い預金吸収から富裕層への運用商品販売に変化したことで、こうした活動が減ってきました。これから「地元とのつながり」を強めたいのなら、ここからのスタートであることを理解してください。

まずやるべきことは、商売はさておき「地域の仲間に再び入れてもらう」ことです。商店会などに挨拶に行き、街の一員として地域の発展に役立ちたいと話をします。先方は「今さら何で来たのか」と思うかもしれませんが、商店街は〝シャッター通り化〟など様々な問題を抱えており、活性化に協力してくれる先は基本的に歓迎してくれるはずです。この際、先方から「会議室を貸して欲しい」など防犯上難しい要望を持ち込まれることもありますが、工夫してできる限り応えるようにします。

また、地域の会合や宴席にも支店長自ら参加するようにします。こうした活動を続けると、やがて地域の仲間として認めてもらえるようになり、徐々に情報を教えてくれ、相談も持ちかけられるようになります。情報の中には自分たちでは知り得ないものや、これからの商売につながる開発案件もあり、支店の運営に有形無形のプラスの効果を与えてくれるでしょう。

❖地域の社会貢献活動に参加する

もう一つ、地元とのつながりで考えられるのは地域での社会貢献です。市区町村の社会福祉協議会や役所の相談窓口に出向き、自分たちの希望する社会貢献活動について話をすると、ふさわしい施設や団体を紹介してくれます。社会貢献が直接に商売につながる可能性は小さいですが、活動を通して地元のことをよく知ることができ、何より相手のうれしそうな顔を見て今まで経験したことのない喜びを感じられ、転勤や退職後もその支店の良い思い出として心の中に長く残ります。

10 個人顧客担当者にはどんな指導をすればよいですか

❖親身にお客様の気持ちになって考えられるように

以前、取引先の営業成績優秀者のパーティーで表彰者の一人が「会社の言うことを聞かなくなってから成績が伸びた」と話しているのを聞き、大変驚いたことがあります。その人は会社の指示通り動いても成績が伸びないので、方針を改めお客様の困りごとの相談に力を入れたところ、お客様から感謝され案件が取れ始めたそうです。また東京のあるデパートは、店員の多くが来店する主婦層と同年代で、友達のように一緒に商品を探してくれるため、親しみやすいと人気があります。

いずれも、「親身に」「お客様の気持ちになり」という点で共通していますが、金融機関に対してお客様はどのようなことを思っているのでしょうか。

運用については「定期預金は元本保証で安全だけど金利が低すぎる」「投信や仕組み商品も興味はあるが中身がよく分からない」「運用商品はリスクがあるので怖い」「預金のどの程度をリスク資産に回すのが良いのだろうか」「いろいろな商品を勧められるけど何を選べばいいか

分からない」などでしょう。

しかしこれらに対し、丁寧で説得力のある話ができる営業担当者は多くありません。パンフレットを見せ、シナリオ通りのセールストークはできますが、そこから一歩踏み込んだ商品の仕組み、運用方針、予想されるリスクシナリオ、手数料等の質問をされると急に答えが怪しくなってきます。商品の多様化、複雑化に知識が追いついていないのです。

❖投信等を購入したと仮定し利益を競わせる

運用商品で損失やトラブルが発生したとき、「そんな話は聞いてない」とお客様からクレームが入ることがありますが、当初の説明が表面的で肝心な部分がお客様に伝わっていないことが多いのです。しかし、担当者の勉強不足だけを責めることはできません。運用商品は自分で手数料を払い、購入し、価格の変動を経験して初めて商品の内容や特性が分かるのですが、担当者の多くは投信等を購入した経験が乏しく、お客様の立場が今一つ理解できないのです。

しかし担当者に実際の購入を強制することはできないので、複数の投信を購入したと仮定しその後の価格の動きフォローさせる、一定金額を投資した想定で参加者間で利益を競わせるなどで「お客様の立場」を仮想体験させてください。いかに価格は予想通りに動かず、運用は難しいかが理解でき、その後の金融商品の勉強やお客様の説明にも良い影響を与えるはずです。

11 新型コロナウイルス関連の借入申出で注意する点は何ですか

❖資金の性格をよく理解し支援を行うこと

新型コロナウイルスの影響で企業の売上げが大幅に減少し、金融機関に融資の申込みが多数寄せられています。これまでの資金需要の乏しい状況が一変し、様々な提案に対してまったく反応しなかった財務担当者が、新型コロナウイルス関連の制度融資の説明を真剣に聞いているのを見て、複雑な気持ちになる担当者もいると思います。しかし、それほど事態は突然かつ深刻で、金融機関も自らの存在意義をかけて、誠意を持って対応する必要があります。

ただし、支援にあたり注意して欲しいことがあります。今回の融資は売上減少に伴う赤字資金の貸出で、前向きな資金重要とはいえず、返済原資は現時点では見通せない将来の純利益なのです。しかし、今まで貸出が伸びずに苦労してきた担当者にとって、久し振りにお客様の役に立てる機会であり、信用保証協会の保証付きでリスクがない、手元資金積み増し用のプロパー貸出も格付優良先あてである、などから、なかには資金の性格への認識が薄れてしまう人がいると思います。

❖新型コロナウイルス危機への対応能力を確認する

今回の貸出の本質は赤字資金であり、借入金額の妥当性や今後の事業計画や返済原資である当期純利益の見通しなどをヒアリングする必要があります。そして、ここで特に確認して欲しいのは貸出先の新型コロナへの危機対応能力です。まず、売上高減少の原因は販売先の問題か、原材料の調達難か、外国人労働者などの従業員の減少によるのか、そしてその影響はどの程度で、この先原因となった事態は解消されるのか、こうした点を企業がしっかり把握しているかどうか確認します。そのうえで対策として何を行い、効果はあったのか、今後は新たな対策を実施する計画はあるのか、などをヒアリングします。

これらは企業が行って当然のことばかりですが、緊急事態で対応が不十分だったり漏れることもあり、企業によって差が出てくる可能性があります。平時に強い社長がピンチに強いとは限りません。このヒアリングを行うことで今回の借入れで十分なのか、今後にさらなる借入れの申し出があるのか、将来の返済の可能性はどうか、今後の当社との付き合いはどうするか、これらについて大まかな判断がつくと思います。

Column

「出羽守（でわのかみ）」支店長

新しい支店長が「前の店**では**お客様の資料が整っていた。それに比べてこの店は貧弱だね」「やっぱり支店はダメだなぁ。こんなことまだやっているのか。本部**では**考えられないよ」といった発言をすることがあります。最初は「新しい目で見てくれると参考になる」と周囲も耳を傾けますが、それが続くと皆うんざりし、その支店長に「出羽守（でわのかみ）」というあだ名がつきます。

人間、生活の場所が変わると前との比較で、あれこれ言いたくなりますが、それをトップが行うと話が面倒になります。部下も無視はできず、支店長の指示に従って新しいやり方を始めますが、上手くいかないことが多いのです。

出羽守を続けていると「別に頼んで来てもらった訳でもないし」「そんなに前の場所が良いのなら戻ればいいのに」と、部下から冷たい声が聞こえてきます。新支店長として何か変えたいと思う気持ちも分かりますが、まず店の状況をよく見極め、部下の理解を得ながら徐々に進めていきましょう。時間は十分あります。

第2章

事務管理・ハラスメントの悩みに答える

1．事務管理についての悩み

1 事務担当の新人の教育はどう進めればよいですか

❖支店独自の研修プログラムを実施する

支店の中には新人教育に熱心でない人もいるので、新人の着任前に朝礼等で「新人の教育は店の発展のために極めて大事な仕事」であることを全員に周知徹底させてください。

新人はまず導入研修に参加しますが、ビジネスマナーなどの総論部分も含まれており実務の習得は十分でなく、支店ですぐに仕事をこなすことはできません。その後は支店でのＯＪＴになりますが、ＯＪＴは説明が断片的になることも多いので、まずは支店独自の研修プログラムを作り、１週間程度実施することをお勧めします。

新人が配属されるグループで何を、誰が、いつ教えるかを決めます。先輩が自分のために一所懸命に教えてくれれば、新人も「この支店に入ってよかった」と思い、教える側も事前に勉強することで今まで疎かにしていた部分を発見するなど、双方にプラスの効果があります。

また、ＯＪＴも「書類が回ってきたら、ここにハンコを押して２枚目を本部に送る」的な手続きの指導だけでなく、この事務の目的は何で、店内や本部でどのような処理が行われ、間違えるといかなる不都合が生じるかをしっかり説明します。また、教えた内容は必ずメモに取らせ、疑問点はあとで必ず聞くように指導します。当面の目標は簡単な事務を正確に処理し、支店の仕事のどの部分にあたるのかを理解させることです。

❖お客様として他店を利用・見学させる

また、新人にはお客様として他店を利用させることが効果的です。店頭でテラーと接し、自分が呼ばれるまで行職員の仕事を観察すると、日々の自分を客観的に見るようで大いに刺激になります。それと１ヵ月程度は日誌を付けさせ、今日勉強したことや感じたことを書いてもらいます。

日誌はよく読むと微妙な心の揺れ動きも分かるので、支店長まで回覧させて皆でコメントを付け、それを踏まえて時々当人に「最近はどう？」と声をかけます。新人は店で一番偉い人と話ができたと感激するでしょう。そして最後に、新人教育に熱心に取り組んでいる部下たちにも、忘れずに感謝の言葉をかけてください。

2 支店の事務のレベルや効率性を高めたいのですが

❖「正確性」「スピード」「気配り」の順でレベルアップ

事務は金融機関の基盤です。まずは様々な機会にその重要性を説明し、事務担当者に「自分たちは大事な仕事をしているのだ」という自覚を持ってもらうようにします。事務のレベルアップは「正確性」「スピード」「気配り」の順番で行います。いくら処理が早くてもミスが多くては不合格ですので、新人など経験の浅い人は、多少時間がかかっても正しい事務ができるように指導してください。

正しく事務を理解してもらうには、事務の目的や流れ、処理を間違ったときの影響を説明することが大切で、マニュアルの読み合わせ中心の指導は眠気を誘い効果も乏しいので短時間にとどめ、必ずＯＪＴと組み合わせるようにします。また、店内にポジションマニュアルなどと呼ばれる「代々引き継がれている事務の手順書」が存在することがありますが、表現が曖昧だったり、大切な項目が抜けていたりするので、事務グループ内で見直しや今後の利用について検討してもらいます。

正確な事務ができたら、次は「スピード」です。処理スピードを上げてもミスが増えないように、見直しの時間も含めてスピードアップを図ります。また、少し複雑な作業は段取りの良し悪しで処理時間が大きく変わるため、作業を始める前に段取りを考える癖をつけさせます。あと、事務によっては早く処理するコツがありますので、「コツの共有化」を図るように指導してください。

最後は「気配り」ですが、金融機関の事務はグループで行うものが多いので、ひと声かけたり、他の人が処理しやすいように気配りをすることで仕事がスムーズに運ぶことを教えます。

❖問題は事務のリーダーと相談しながら解決する

また、事務部門に問題がある場合は、支店長が自ら原因を究明し改善することは難しいため、事務のリーダーと相談しながら解決していきます。このときに勝手な思い込みをして見当違いの改善策を押し付けると、部下から総スカンを食ってしまいます。また、事務の改善に貢献した人を本部の表彰に推薦したり、意見を聞くミーティングや食事会を開くことも、事務担当者のモラールアップに効果があります。

3 事務に疎いので踏み込んだ管理ができないのですが

❖事務に少しづつ詳しくなる方策を考える

多くの新任支店長は事務の知識が乏しく、支店の事務をいかに管理すべきかで悩みます。そのときに「事務は分からないからよろしく」と事務の役席に丸投げする支店長や、「事務は大事だ」と一念発起してマニュアルを読み始める支店長、「実際に経験しなければ」と事務の担当者の中に入り端末のオペレーションや通帳返却の手伝いをする支店長もいます。しかし、どれも良い結果にはつながりません。

丸投げは事務の役席や部下のモラールダウンにつながり、マニュアルの読破も3日続けばいい方で、付け焼きで理解できるほど金融機関の事務手続きはやさしくありません。そして、支店長に事務作業に参加されると、忙しいさなかに気を使わざるを得ず、あれこれ教えた挙句に通帳を他のお客様に渡されでもしたら、役席はたまったものではありません。

一気に踏み込んだ管理を目指すのでなく、事務に少しずつ詳しくなる方策を考えましょう。まず、ミスやトラブルで役席から報告を受けたときに、なぜ起きたのか、再発防止のためにはどうすればよいかを議論します。問題が発生した部分だけなら説明を少し聞けば理解できますし、役席も自分達のミスですから質問にも嫌な顔をせずに答えてくれるはずです。

❖事務の弱い部分を抽出し改善提案を募る

もう一つの方法は、効率化指標などから店の事務の弱い部分を抽出し、それに対し皆から改善提案を募り、3ヵ月に1回程度、支店長同席で優秀提案を選んで表彰するのです。最初は提案の優劣がよく分かりませんが、半年位で内容が理解でき、改善への効果も漠然とですが分かってきます。

この2つを継続すると事務のポイントや課題も徐々に分かり、部下も「支店長は事務も昔に比べると詳しくなった」「ミスやトラブルで報告に行くと鋭い質問が飛んでくる」「いい加減なことはできない」と感じるようになり、店内もグッと引き締まります。

また事務担当者との会話も増え、前項で述べたミーティングや会食でも話題に困ることはなくなります。さらに、そこで出た部下からの仕事に対する希望要望に積極的に答えられれば、事務の管理としては十分合格です。

4 事務担当の残業を減らす良い工夫はないですか

❖具体的な残業目標時間を決めて事務を改善する

事務部門の残業は、センター集中やインターネットバンキングの普及で以前より少なくなっています。しかし店によっては20時間を超えるなど、定時に退行できていないのが現状で、支店長は「前より減ったからいいだろう」ではなく、「残業ゼロを」目指し早帰りのための活動を続けてください。事務部門の早帰りは伝票や現物の受け渡し時間を早め、店全体の早帰りにつながります。

よく店内に「皆で協力、早帰り」といったポスターが貼られていますが、これだけでは早帰りは進みません。また、仕事のやり方を見直せば、早帰りが実現するという考えがありますが、見直しが中途半端で早帰りにつながらないことが多いので、今期、今月は残業時間○○時間以内と決め、目標達成を目指し事務を改善するようにします。また、事務部門では課業配分が偏っている、過剰品質の仕事がある、レイアウトが悪い、他部門との連絡が悪いなど、様々な理由で残業が発生しているので、支店長は思いつきで口を挟むのではなく、早帰りの目標を設定することで外から改善を促してください。

❖残業ゼロ実現会議を開き状況と課題を確認する

時間目標の設定についてはいくつか注意点があります。まず、目標の設定は半期で10～15%削減など実現可能な範囲に止めます。それ以上となると現場から悲鳴が上がったり、途中でギブアップしてしまうおそれがあります。そして、支店長主催で「残業ゼロ実現会議」を毎月開き、達成状況の確認と課題について皆で議論し、月の目標が達成した場合には大いにほめてください。

この活動を粘り強く続けると、徐々に効果が現れ「一本前の電車に乗れた」「スポーツクラブの6時のクラスに参加できた」「保育園に早く迎えに行けた」などのメリットを皆が実感し始めます。そうなると早帰りの意欲がさらに湧き、出勤すると「定時に帰るにはどうしたらよいか」「午前中にはどの仕事を終わらせようか」とその日の段取り考え、結果としてミスも減ってきます。そして残業ゼロが見えてくると、自分たちの店を誇りに思い、他店の友人にも自慢するようになります。

5 産休・育休取得で事務のレベルが安定せず困っています

❖産休育休は準備のため早めの申し出をお願いする

「産休育休は女性活用には必要だが、事務が不安定になり困る」との話を聞くことがありますが、そもそも昔は女性は結婚もしくは出産で退職することが多く、産休育休の普及で大変になったという議論は間違っています。ただ、支店や課の人員が以前に比べて少なくなっており、1人減の影響が大きくなっているのは事実です。支店長はこうした現状を踏まえ前広に対応し、影響を小さくする必要があります。

まず「産休育休については、その後の準備もあるので早めに申し出て欲しい」と皆に話をします。そして、申し出があったらすぐに産休育休対応策を考えます。このとき「早めに申し出を」と言っておきながら、「取得はまだ先だ」と放置する人がいますが、それでは部下に「せっかく早く言ったのに」と文句を言われてしまいます。また、産休に入る前に当人に「みんなで頑張るので、心配せずに出産や育児に臨んで欲しい」と声をかけてください。

❖人事部との良い関係で円滑な後任補充を

次に産休育休の間の体制作りですが、人事部に依頼し転勤もしくは新人の配属、ときには中途採用や派遣社員で補充することになりますが、ここで人事部との関係が大切になります。人事部とは持ちつ持たれつで、異動を依頼されたときに「人繰りが厳しいから」「大事な案件があるから動かせない」などと「ノー」の返事を繰り返していると、こうしたときにすぐ動いてくれません。しかし、多少の犠牲を払ってでも人事部の依頼に応じていると、まったく違う反応になります。また、産休取得前に後任が入るのがベストですが、時期にこだわりすぎるとスキルの合わない人が投入され、苦労することがあるので注意してください。

あと、産休取得に補充が間に合わない、後任が未経験者ですぐに戦力にならないようなときに、インフルエンザなどで病欠が生じるかもしれません。こうした事務リスクに備え、店内コンティンジェンシープラン（緊急時対応計画）を作っておきます。繁忙日に外訪担当者が交代で事務の応援に入ることと、応援の内容をあらかじめ決めておき、必要があれば研修を行い、当人の今期の目標にも緊急時の応援を加えます。まさに転ばぬ先の杖で、緊急時にもあわてずに対処でき、後々「あのときに作っておいてよかった」とつくづく思うはずです。

2. ハラスメントについての悩み

1 パワハラ・セクハラ対策は何から手をつけたらよいですか

❖ビデオを見た後に全員でディスカッションする

パワハラ・セクハラの予防策として一般的なのはビデオ研修で、集合研修で行われる場合もありますが、それとは別に支店長主催で店内で行ってください。教材は自前でも調達できますが、手間やコストを考えると人事部の研修用ビデオを借りるのがよいでしょう。

パワハラ・セクハラ関連のビデオは典型例のものから、女性上司の男性部下に対するものなど様々な種類があり、内容を調べ自分の職場に合ったものを選びます。研修開催にあたっては真剣な参加を促すため、ビデオを見た後に全員でディスカッションし、支店長も参加することを店内に周知します。

ビデオを見ただけでは「なんかパワハラ・セクハラのビデオを見たなぁ」程度の記憶しか残

りませんが、その後に議論すると効果は倍増するので、ビデオは議論の材料でメインはディスカッションと思ってください。また、ビデオをよく見るようにと指示し退出する支店長がいますが、自身もパワハラ・セクハラを行う可能性があり、必ず一緒に参加し勉強してください。

❖本音トークで店内の意識や行動を変える

見終わってからの議論は「自由に話してもらう」のがポイントで、「パワハラ・セクハラは好ましくなく、注意しなければならない」などの教科書的な議論ではなく、ピントがずれても本音で話し合うことが大切です。パワハラ・セクハラは、内心では「少しくらい大目に見て欲しい」と思っている人も多く、本音トークで自店の認識の程度を把握する必要があります。

また、議論の中で具体的な防止策が出てくればよいのですが、無理に結論を出す必要はなく、全員で話し合うことが大切で「○○君。その発言はセクハラよ。この前話したでしょう」と、みんなの意識や行動も少しずつ変わってきます。

また時々、店内のミーティング終了後にハラスメントが起きていないか聞くようにします。これにより、支店長の関心が強いことを示すと同時に、被害にあった人が支店長に相談しやすい雰囲気を作ることができます。

2 パワハラ・セクハラが発生したらどう対応しますか

❖ノウハウのある人事部と一緒に解決する

「ちょっとお話があるんですが…」部下が深刻な顔をして目の前に。こんな感じでパワハラ・セクハラの相談は始まります。若い担当者が一人で支店長のところに相談に来るのですから、事態はかなり深刻です。ところが、支店長の中には「忙しい」「まずは役席が話を聞くべきだ」と、部下に丸投げする人がいます。しかし、取引先が倒産したら丸投げはしないはずで、近年ではパワハラ・セクハラはそれほど重く、支店長が直接関与する必要があります。

しかし、支店長がすべて一人で解決すべきとは思いません。パワハラ・セクハラの解決は思ったほど簡単ではなく、家族や第三者が登場して収拾がつかなくなったり、対応次第では裁判に持ち込まれることもあります。生半可な知識や経験で解決にあたると事態を悪化させることもあるので、ノウハウのある人と一緒に解決することが必要です。

社内でノウハウがあるのは人事部で、基本は「パワハラ・セクハラの訴えがあったら、まず人事部に連絡する」です。「人事部は苦手だ」「人事部に連絡すると大事になる」「自分の管理責任を問われる」などと独力で解決しようとする人がいますが「生兵法は大ケガの基」です。

❖支店長が解決すれば組織運営にプラスに働く

人事部に報告した後は事実確認と報告で、支店長が当事者を呼んで面接します。ここで大事なのは聞くことに徹し、途中で口を挟んだり、説教したり、勝手な解釈を加えないことです。そして両者から聞いた話を本部に正しく報告します。人事部は報告を元に方針を出し、結論が出た後に支店長が加害者、被害者両者およびその上司に結果を説明します。加害者はこの時点でも自分は悪くないと思っていることもあるので、じっくりと説明し反省の程度も確認します。

また、被害者への説明も重要で、結果を報告するとともに会社として真剣に対応したことを理解してもらいます。そして加害者との関係がどうか、謝罪を希望するかなども確認します。店内で起きたパワハラ・セクハラの問題を支店長が先頭に立って解決すれば、その事実は部下に広まります。「相談に行けば、支店長は逃げずに話を聞き、動いてくれる」、このことは行職員にとって大きな安心で、その後の組織運営にも必ずプラスに働くはずです。

3 パワハラを恐れて部下指導に消極的な役席がいるのですが

❖部下の指導教育は役席の大切な仕事

厚生労働省はパワーハラスメントを「同じ職場で働く者に対して、職務上の地位や人間関係などの職場内での優位性を背景に、業務の適正な範囲を超えて、精神的・身体的苦痛を与えるまたは職場環境を悪化させる行為」と定義しています。しかし最近では、「業務の適正な範囲内」と思われる注意や指導に対してもパワハラを訴える若手が増えています。

こうした訴えが法的に救済されるかどうかは別として、メンタルの病で休職や退職となれば現場に影響が出るうえ、パワハラと言われるのも困るので、管理職のなかには指導教育に消極的な人が出てきました。しかし、若手が育ってこそ自らの会社や職場の明日があり、支店長がこうした事態を放置しておくことは許されません。

❖解決に向け支店長が上司部下と面談を

まず、伸び悩んでいる若手に上司が指導を十分行っていないときは、その上司と話をします。そこで上司がパワハラを恐れて教育に消極的なら、「指導教育は大事な仕事なのでしっかり行って欲しい」「ただし、指導は極力自分か副支店長がいるときに行うように」「指導に行き過ぎがあればすぐに指摘するので、パワハラは心配しないで欲しい」と伝えます。そして部下には、「さらなる成長を期待している」「そのため上司に指導に力を入れるように話した」「指導方法は十分気をつけるように言ったが、何か問題があれば遠慮なく申し出て欲しい」と話し、しばらく様子を見ます。

2、3ヵ月後に再び両者を面接し、不満や苦情が出たら次の手を打ちます。部下から「教え方が厳しくてつらい」「難しくて覚えられない」といった反応があった場合は、指導方法について再考を約束し、同時に金融機関に勤めた印象や仕事への意欲などについてもヒアリングします。また、上司からは改めて指導を行った感想を聞き、部下のコメントを参考に今後の指導方針を相談し、最後に指導教育を熱心に行ってくれたことに感謝の言葉をかけます。

以前なら、支店長が上司部下の指導教育にここまで踏み込みませんでした。しかし、現在の支店の重要課題である若手の育成、パワハラ予防、退職防止などに直接につながるため積極的に対応する必要があります。

4 本部のセクハラ防止の指示が厳し過ぎると思うのですが

❖通達の内容に疑問を感じたら本部に確認する

筆者がかつて勤務した米国の支店で、現地の女性役席からセクハラについてレクチャーを受ける機会がありました。そのときに「米国は訴訟社会でセクハラの訴えも増えているので注意して欲しい。女性の体に触る、性的な話をすることはもちろん、水着のカレンダーを机に置くことも不可で、セクハラと言われたくなければ店内の女性を見ない、話をしないことだ」と言われたことがあります。「見ない」「話さない」は今でも極端だと思いますが、日本もそうした社会に徐々に近づいているのかもしれません。

現在、日本の金融機関もセクハラ防止に力を入れており、本部から様々な指示が出るようになりましたが、なかには「厳し過ぎる」「ここまでやらなければいけないのか」「セクハラ防止に本当に役に立つのか」と思うものもあります。しかしそれには理由があり、セクハラ事案が発生し再発防止のために通達を出しているのですが、背景や事案の内容を具体的に書けないために、読み手が指示の内容に違和感を感じてしまうのです。

こうしたことを理解せずに、通達を見て「本部はピントがズレている」「現場の実態が分かっていない」などと批判する支店長がいますが、内容に疑問を感じたらまず本部に電話することです。支店長からの電話なら本部も丁寧に答えてくれ、通達を出すことになった理由や背景を教えてくれます。「そんなことがあったのか。やはりこうした指示も仕方がないか」などと、多くの場合は納得でき、自分のセクハラの定義や認識が古いことを発見することもあります。

❖思いついた防止策は現場の声として提案する

また、防止策としてより効果のある方法を思いついたら、現場の声として積極的に提案します。本部も様々な議論の末に指示を出していますが、気づかないこともあるので、建設的な意見であれば歓迎されます。そして、本部から聞いた内容のあらましを朝礼で説明しますが、これにより部下も通達の意味を理解でき、支店長がセクハラに関心があることも示せます。支店に勤める部下にとって本部は敷居が高く電話で質問をすることは困難です。ここに支店長の出番があり、店を代表して本部に連絡し、皆の疑問を解消するように努めてください。

5 マタハラをしている社員にはどう対応したらいいですか

❖職場でのマタハラ的発言は減っていない

マタハラ（マタニティ・ハラスメント）とは「妊娠・出産に伴う労働制限・就業制限・産前産後休業・育児休暇によって業務上支障をきたすという理由で、精神的・肉体的な嫌がらせを行う行為」（Wikipedia）を指し、企業は法律により防止措置の実施を義務づけられています。

金融機関もそのための体制を整えており、また産休・育休制度の定着化もあり「妊娠を報告したら退職を促された」「育休を取ったら席はなくなると言われた」などの露骨なマタハラはあまり聞かれなくなりました。しかし「妊娠中なのだからもっと休んで」「ご主人の給料で暮らせるのなら、子供のことを思い育児に専念したら」といった発言や、マタハラに近い「なぜ結婚しないの」「男性には興味がないのか」「何だバツイチか」「子供はまだか」などの発言をする人は今だに職場に存在します。

❖結婚や家族に対する考え方の変化を理解させる

自ら生き方を選んだ、理由があってせざるを得なかったなど事情は様々ですが、言われた方は気分が良いはずはありません。職場は「多種多様な生き方や価値観」を持つ人々が生活の糧を得るために集まる場所ですが、現在はその「多種多様さ」が昔に比べ拡大しており、またそれと比例するように、「会社とプライベートは別」との意識も強くなっています。

しかし、こうしたことへの認識が足りず自分の考えを押しつけたり、無神経な発言で相手を傷つけるハラスメントは決して減ってはいません。この種のハラスメントへの訴えがあった場合は、支店長が直接話をする必要がありますが、本人は「悪気はなかった」「相手のためを思って言った」「自分は正しいと思っている」などと言い、すぐには反省しないと思われます。

このときに、相手に理解を促すキーワードは「時代が変わった」です。時代とともに価値観が急速に変化し、結婚や家族に対する考え方も大きく変わっており、自分とは異なる生き方もあることを理解してもらいます。また、プライベートな事柄にあれこれ言うのは、皆から疎んじられ仕事にもプラスにならないことや、自分が親から生き方について色々と言われたときに、どんな気持ちがしたか思い出すように話してください。

6 支店長のハラスメントがなくならないのはなぜですか

❖支店長のハラスメントに対する感覚がズレている

支店からハラスメントをなくすためには、支店長が予防と対策に自ら取り組むことと、支店長自身がそうした行為をしないことの2つが重要です。しかし、本部の指示や指導にもかかわらず、支店長のハラスメントは未だに発生しており、ポスト外しの例も少なくありません。

では、なぜ支店長のハラスメントはなくならないのでしょうか。まず、多くの支店長のハラスメントへの感覚が時代からズレていることが理由として挙げられます。支店長は店内で一番年長のことが多く、新人の頃は女性への挨拶代わりのボディタッチや、「売れないのなら死んでしまえ」的な罵声が当たり前だったので、現在のセクハラやパワハラ事案に対し「昔はこんなのは普通だった」という気持ちがあり、ときとして問題になる言動をしてしまうのです。

もう一つの理由は、支店長が店内ではナンバーワンのため、監督する人がおらずブレーキがかからないことです。支店長が激しく部下を叱っても副支店長や役席はすぐには止めに入れず、飲み会で支店長が女性に絡んだとしても「まあまあ支店長その位で」と軽くいさめる程度しかできません。しかし、支店長がセクハラやパワハラを犯してしまえば、部下に対し示しがつかず、当然「今までハラスメントに対し偉そうに注意していたのは何だったんだ」となり、部下の支店長に対する見方も変わってしまいます。

❖部下と一緒に勉強し物差しのズレを修正する

こうして考えていくと、支店長はハラスメントについて店内で最も真剣に勉強しなければならない人なのかもしれません。「自分は社会人経験も長く、何が問題なのかもよく分かっている。部下がハラスメントをしないように指導するのが私の役目だ」との考え方は間違っており、まずビデオを部下と一緒に見て勉強し、自分の物差しのズレを修正する必要があります。

また、「部下を注意し出すと止まらない」「酒が入ると乱れてしまう」など、不安がある人は、副支店長などに「自分がそうした行為をしたら、決して怒らないのでやめて欲しい」と頼んでおくのがよいでしょう。あまり格好のいいものではありませんが、失敗して飛ばされるよりははるかにマシだと思います。

7 ハラスメントを注意しても本人には自覚がないようですが

❖十分に説明しハラスメントに該当することを理解させる

ハラスメントを注意されたときに　すぐに反省を口にする人は少なく、「ハラスメントと言われるのは心外だ」「部下のことを思ってしたことだ」「自分も先輩から同じようにされて育ってきた」「酒の席で少しからかっただけで悪気はなかった」といった反応が多く、またハラスメントの概念が拡大している近年では、自覚のない例も増えているのではないかと思います。

そのため、ハラスメントの解決には、本人に「今の時代その行為はハラスメントに該当する」ことをよく理解してもらうことが不可欠で、そのプロセス抜きで厳重注意や処分をすると、本人は不当な取扱いを受けたと感じ、訴えた人を逆恨みするなど新たな問題が生じるおそれがあります。こうした事態を避けるために、本部でハラスメントとの判断が下ったら、内容を支店長がよく理解したうえで、本人に丁寧に説明することが大切です。

❖酒にまつわるハラスメントは自覚がない

また、別の意味で自覚がないことが多いのは酒にまつわるハラスメントです。店内の宴会で酔って下ネタを女性にけしかける、グラス片手に部下に延々と説教するなどの行為があったので、次の日に注意したら「私、そんなことしましたっけ?」「一緒にいたのは覚えてますが、記憶がハッキリしなくて」と言われた支店長は少なくないと思います。セクハラやパワハラ教育が進んだことで、日中の露骨な行為は少なくなりましたが、店内の飲み会等での酒が原因のハラスメントは今でもよく聞きます。

「酒癖の悪い」人との宴会は周囲も避けますが、歓送迎会などは不参加ともいかず、参加者は朝から憂鬱になります。またこうした人は「客との接待で酒を飲んで乱れた」「時々、朝に酒臭いことがある」など他にも迷惑をかけていることが多いため、支店長は酒について指導する必要があります。

先輩が酒で失敗し出世を棒に振った例を話し、宴会では隣に座らせて酒量をチェックし、周囲への迷惑や自分の健康を考え酒を控えることを勧め、状態が改善しない場合は支店勤務は難しいことをはっきりと伝えることが必要です。

8 ハラスメントをした社員の昇給昇格はどう考えますか

❖ハラスメントがないことが推薦の前提条件

「実績とハラスメントは別だ」と当人にハラスメントの問題があっても、実績を上げていれば昇給昇格の推薦をする支店長がいますが、今の時代はハラスメントを行っていないことが推薦の前提条件です。実際に昇給昇格しなくても、支店長が推薦したことを部下が知れば、「ハラスメントは大騒ぎするような問題ではない」「やはり実績の方が大切なのだ」といった間違った認識を与えるおそれがあります。

ハラスメントをした社員の昇給昇格を考える以前に、しなければならないことがあります。もしハラスメントを訴えた人が謝罪を求めていたら、支店長が同席し当人に謝罪させます。そして、折につけて被害者に加害者との関係を聞き、上司や同僚からも当人の仕事ぶりや態度をヒアリングする必要があります。すると「以前より元気がない」「仕事は真面目に取り組んでいる」「被害者とは普通に話している」などいろいろな情報が入ってきます。また、当人とも面談して反省の様子を聞いたり、ときには励ますことも必要です。

❖反省後もある程度の経過観察期間が必要

こうしたことを半年から1年程度行っていると、当人のハラスメント的な部分が改善したかどうか分かってきます。注意や処分を受けた直後は大いに反省した人も、しばらく経つとショックが薄れて元に戻ることがあるので、ある程度の経過観察期間が必要なのです。そこでハラスメントの傾向が改善されたと判断できれば、昇格昇給を推薦します。

しかし、意外と支店長に情報が入って来ない場合があり、自分は大丈夫と思って昇格させたが、その話が店内に広まった途端に「早過ぎる」「本人はあまり反省している様子がないのに」といった声が上がることがあります。

こうしたことを防ぐには、部下の間からも「以前ハラスメントの一件があったが、今は反省して真面目にやっており、そろそろ偉くしてあげてもよいのでは」といった声が上がっているかを確認するのがよいと思います。そうすることで、昇給昇格の知らせがあったときに、店内から「彼も腐らずに頑張ってよかった」、「さすがに支店長は部下をよく見ている」との声が上がるはずです。

「重箱の隅」支店長

稟議書が回付されしばらくすると、支店長が「数字のタテを足しても１００にならないぞ」「漢字が間違っている」「ここの句読点はいらないんじゃないか」等々メモの細かいところにケチをつけ始めました。しかし、内容についての指摘や書き直しの指示はなく「まぁ、こんなもんじゃないか」と一言つぶやき、承認のボタンを押しました。

部下からすれば、手直しがいらないので楽と言えば楽ですが、何となく物足りず、本当に内容が分かっているのか不安になります。支店長は忙しくすべての書類やメモを詳しく読むことは難しいと思いますが、重要なメモ、大事な稟議書はきっちり読んで部下と話をしてください。

大事な書類のときは部下も支店長の様子を見ています。そこで、支店長の反応が乏しかったり、ピンボケだったりすると部下はガッカリし、反対に鋭い指摘や質問が飛んでくると「この支店長相手にいい加減なことはできない」と思います。この繰り返しの中で部下の支店長への評価は決まってきます。

第3章

人事管理・コンプラの悩みに答える

1. 部下への接し方と評価についての悩み

1 パートや派遣社員にはどう接したらいいですか

❖パートや派遣社員が店を支えている

かつて金融機関では結婚退職した行職員が出産まで、もしくは子育てが一段落した後に人材派遣会社経由で支店に勤務していました。しかし、仕事は印鑑照合、伝票整理、電話当番といった補助的業務で、人数的にも一つの店に数人しかいませんでした。状況が変わったのは、バブル崩壊で金融機関の経営が厳しくなってからです。

事務部門のローコスト化を目指しパートや派遣社員の活用が進み、テラーやロビー案内係にも活躍の場は広がりました。その流れは現在も続いており、最近では支店の事務はパートや派遣社員抜きでは考えられず、新人の教育まで担当している店もあり、研修や昇給の機会が乏しいパートや派遣社員が正社員と並んで、ときには正社員以上の戦力として店を支えています。

❖支店の仲間として接し彼女達のための朝礼を行う

パートや派遣社員との接し方の基本は、「支店の仲間として接する」です。そのため、配属になったときに、まず短時間の面談を行い名前を覚え、何かを頼むときは「派遣さん、お願いします」でなく「○○さん、お願いします」と名前を呼びます。また、都合が許せば店内の会にも参加してもらいます。年齢が近く話も合うと思いますが、それ以上にパートや派遣社員は他企業でも働いた経験があるなど、少し違う視点から支店を見ており、彼女たちの指摘は支店のマネジメント上も大いに参考になります。

また、出勤時間が正社員と異なることが多いので、彼女たちを対象とした朝礼を行います。研修や店内勉強会に参加する機会が少ないので、朝礼で新しい事務手続きや、顧客対応などの注意点を説明します。マネロン等の金融犯罪は事務や窓口応対の弱い店が狙われるため、新しい知識を身につけてもらう必要があるのです。

それと、派遣会社に提出する評価にも目を通し、優秀な人材については更新時の時給アップを依頼し、正社員への登用を希望していれば人事部とも相談します。派遣会社への支払いが発生しますが、採用や教育のコストを考えると十分に検討に値する場合があります。

2 金融機関の女性活用はどう考えたらいいですか

❖急速に上がった支店の女性戦力への依存度

以前、日本の金融機関では女性は結婚・出産での退職が当然で、役付者になる女性はごく少数でした。男女雇用均等法の制定で状況は大きく変わりましたが、当初は女性支店長の数が増えない、女性総合職を採用しても定着化しない、女性外訪への異動に不満が出る、などの問題もありました。

しかしその後、結婚・出産と自分のキャリアアップの両立を図ろうと考える女性が増えた、人口減と高齢化に伴い労働力不足が顕著になった、若手男性の伸び悩みや退職で支店戦力が弱体化した、などの理由で女性の活躍の場は大きく広がりました。現在は事務と個人外訪の課長が女性の支店も珍しくなくなり、またパートや派遣スタッフの重要性も増しており、支店の女性戦力への依存度は急速に上がっています。

❖女性の活躍に向けマネジメント手法を改める

しかしよく考えれば、金融機関の支店は事務がベースで、セールスにも細やかさが求められるなど女性に適した職場であり、女性が活躍している現状は何ら不思議ではなく、将来的には支店長も上司も女性で、男性が少数の支店も出てくるでしょう。また、頭取はすぐには難しいにしても、リテールや事務担当の副頭取に女性が就任する日も近いと思います。

「自分の在職中にそんなことは起きない」と思うかもしれませんが、女性の役割拡大のスピードを考えると、変化は思ったより早く、今から自らの考え方やマネジメント手法を改める必要があります。

まずは定時退社を進める、セクハラに厳しく対処する、産休・育休の取得しやすい雰囲気を作る、顧客との接待にランチを活用するなど、女性が働きやすい職場作りを目指します。また、部下として女性の役席者を使うことが意識改革に役立つので、人事部から課長に女性を登用したいなどの話があれば積極的に受け入れます。そして、将来マネージャーとして働きたい希望を持っている女性の部下には、職務知識やスキル面だけでなく、部下の管理やリーダーシップなどのマネジメント面の指導も行い、彼女が立派な管理職に育つためのサポートを行ってください。

3 女性の役席者にはどう対応したらいいですか

❖「男性役席者と区別なく」が基本

女性の役席者が着任すると、支店長の威厳を示したいのか周囲を意識しているのか、ことさら厳しく指導する人がいますが、とても不自然な感じがします。また「〃女性の役席〃としてはよくやっている」と話す支店長がいますが、当人は「役席」として頑張っているので、このような評価は素直には喜べないでしょう。女性の役席者との接し方は「男性の役席者と区別なく」が基本で、新任であれば管理職の基礎を教え、ベテランであれば持てる力を生かして支店に貢献してもらいます。

男性役席者と区別なくと言いましたが、家庭の事情による早退や休暇の申し出にはもちろん配慮します。男性の場合も早退などが必要なときに口に出せず、そのしわ寄せが家族に行っており、これを機に男性にも遠慮なく申し出るように伝えます。役席者が支店長の配慮で早退や休暇を取り、大いに感謝し頑張ることはよくありますが、実績が落ちたという話は聞いたことがありません。

❖接待時のセクハラ被害と部下へのパワハラに注意

女性役席者については、次の2点は注意してください。1点目は接待で、女性の参加で宴席は盛り上がるかもしれませんが、残念ながら今だにセクハラ的な言動をするお客様がいます。店内なら当然注意しますが、取引先となると我慢せざるを得ず、嫌な思いだけが残ってしまいます。こうしたことが起きないように、接待は支店長、副支店長など上席の同席を原則とし、それで相手とのバランスが取りにくい場合には、部下の男性が同席することとし、女性役席者一人での接待は行わないようにします。そして、夜でなくランチで接待するなどの工夫も必要です。

2点目は女性の役席者の女性の部下に対するパワハラです。女性役席者は真面目で仕事熱心な人が多いのですが、中にはそれが高じて実績の上がっていない部下に強くあたり、特に女性の部下を追い詰めてしまうことがあります。この場合、支店長は女性同士の話と躊躇することなく、人事部の女性活用担当者に連絡を取り、アドバイスを受けて問題解決に取り組む必要があります。

4 部下を褒めるのが苦手なので よい方法はありませんか

❖忘れないうちにすぐ褒めること

部下に厳しい支店長でも、ときには「こんな案件がよく一人で取れた」「彼の頑張りでトラブルが大きくならず助かった」と思うことがあるはずです。問題はその気持ちを素直に口に出し、部下を褒められるかどうかです。部下を褒めることは、店内のモラールアップ上大切なことは分かっているのですが、不得意な人も多く、上手くかつ自然に褒めるには工夫が必要です。

まず、忘れないうちに早く褒めます。当人が外出中だったので後で褒めようと思い忘れてしまった経験のある人は多いと思います。叱ることは怒りが消えずに忘れませんが、褒めることは1日経つと忘れたり、面倒になり「今回はまあいいか」となりがちなのです。また、叱るときはすぐにアクセルを踏めるのですが、褒めるときは「この程度は当たり前か」「彼だけの頑張りではないかも」「あまり褒めると軽く見られないか」などとブレーキをかけてしまうことがあります。

しかし、褒められて嫌な気分になる人はいませんし、他に頑張った人がいたら、その人も褒めればいいのです。また、褒められたことで支店長を軽く見ることもないので、褒めるときは躊躇せずに行ってください。これを繰り返すとスムーズに褒められるようになります。

❖褒めたら記録に残し人事評価に反映させる

それから、褒めるときは「何がよかったか」を聞き、「まぐれですよ」といった謙遜の言葉だけでなく、なぜ成功したのか、その理由を本人の口から語ってもらいます。それが当人の今後の活動に役に立ち、支店長も褒め甲斐があります。そして、褒めたら忘れずに形にしましょう。「期末の人事評価のときに褒めたことをすっかり忘れて、前と同じ評価をつけてしまった」では部下は納得しません。必ず記録に残し評価やコメントに確実に反映するようにします。

また、部下を表彰するときに副賞として菓子などを渡すことがありますが、スーパー等でよく見かける安い菓子を渡すのは考え物です。渡す方は「何もないよりはいいだろう」「気は心だ」と思うのですが、今の部下は贅沢です。安い菓子だと「頑張ったのにこれ?・」「家にあった子供のお菓子を持ってきたのか」と感謝されず、かえって逆効果になります。渡すときは、それなりに〝探してきた感〟のあるものにしましょう。

5 朝礼の挨拶をしても誰も聞いてくれないのですが

❖話す必要があるときだけ手短に話す

では、お聞きしますがあなたは朝礼で支店長の話を聞いていましたか？

この質問に「自分はまじめに聞いていた」と答えられる人は少ないと思います。なぜ聞かないかというと、「聞いてもあまり意味のない話が多い」からです。「スクラム組んで」「緊張感を持って」「新たな気持ちで」「目標に積極的にチャレンジを」など変わりばえのしない話ばかりでは、部下は話を聞いているふりをして他のことを考え始めます。では、支店長はどうすればいいのでしょうか。答えは「話す必要があるときだけ手短に話す」です。

支店長だからといって説教や教訓的な話をする必要はなく、また面白い話ができる人も少ないでしょうから、話すことがないときは話さなくてもいいのです。となると話す機会が減ってしまうと思うかもしれませんが、今月の実績とそれに対するコメント、成績優秀者の発表と表彰、顧客対応の注意事項、事務ミスと再発防止策、本部の方針や通達の説明、新商品の連絡など話さなければならないことは数多くあり、課長が話した内容で重要と思うことは繰り返しても構いません。

支店長だから気の利いた話をとあれこれ考えるあまり、話さなければならないことを忘れているのです。また、話す必要がある事柄は定期的には発生しないので、毎週の朝礼での話はやめて、伝えたいことが起きたときに皆を集めて話す方法もあります。

あと「手短に話す」ですが、要点を整理すれば5分間でかなりの内容を話せますので「長くて5分」を目処にしてください。これらを実践すると「支店長は大事なときに短めに話す」というイメージができ、部下はあなたが話し始めると真剣に耳を傾けるようになります。

❖新年や期初の挨拶は事前準備をしっかりと

それから、話すことがあるときだけと言いましたが、新年や期初などの節目で話をしなければならないことはあります。このときは前もって準備しますが、ビジネス本などを参考にせずに自分の頭で内容を考え、構成を組み立て、スピーチの練習をしてください。準備してみると、いかに日頃から人に話せるようなことを考えていないか、話し方がうまくないかを痛感し、とてもいい勉強になります。

6 頼りにしている部下に異動の話が来たのですが

❖当人のことを考えて受けた方がよい場合がある

人事部から頼りにしている部下の異動を打診されると、支店長は本当に困ってしまいます。特に最近は支店の戦力が弱体化しており、打診の電話で目の前が真っ暗になる人もいると思います。当人が着任してから時間が短い、異動先のポストに納得いかないときなどは交渉の余地もありますが、人事部は在籍期間を調べ、それなりのポストを準備してくるので簡単に断ることはできません。そこで部下の将来を優先するか、自分の店を優先するか難しい判断を求められることになります。

そのときにいくつか考えて欲しいことがあります。まず、異動に伴い昇格する場合は、断ることで部下の昇格の機会を奪うことになります。よく「今回は断っても優秀だからチャンスはまたあるだろう」と考える支店長がいますが、「人事は水物」で、なかなか次の機会が来ないこともあるので、昇格が伴う場合は極力本人の将来を優先してください。それから、いかに良い人材でも長く同じ仕事をしていると、マンネリやアイデアの枯渇でパフォーマンスが落ちるので、再活性化のために異動が必要な場合もあります。

また、在籍が長期化すると「余人を以って代えがたい」状況が発生し、さらに異動が難しくなります。何でも知っている人は組織にとって便利ですが、当人は新しい刺激に触れることができず、顧客と癒着するおそれもあるので望ましくありません。

このように、頼りにしている部下でも異動を受けた方がよい場合があり、そのときは後任のキャリアや能力を詳しく聞き、後任が慣れるまでの店内サポート体制をよく検討します。

❖人事部と部下の異動や昇格について意見交換しておく

異動の打診のたびに「NO」と返事していると、支店が困ったときに人事部に支援を頼みにくくなります。「人事部に強い」支店長とは「人事部と対決する」のではなく、「人事部とコミュニケーションが上手く取れる」支店長ですから、定期的に人事部を訪ね、部下の異動や昇格について意見交換しておくことをお勧めします。人事部と考えが異なる部分は当然あるでしょうが、意見交換を続けると考えの差も徐々に縮まり、少なくとも突然の電話で怒りが込み上げたり、目の前が真っ暗になることはなくなります。

7 部下と面接するときに大切なことは何ですか

❖自分と部下が話す割合は2：8を心がける

面接は部下が何を考えているかを知り、その後の指導教育に活かすことが目的で、支店長が一方的に「参考に…」と言いながら、長々と自慢話をする場ではありません。面接では部下の話を聞くことを心がけ、自分と部下が話す割合が2：8になるようにします。また、面接では部下が話しやすい質問をするようにします。

質問は「はい」「いいえ」でしか答えられないクローズド質問と、相手が自由に答えられるオープン質問に分けられます。例えば「前期の成績不振について反省しているか?」は「はい」としか答えようのない典型的なクローズド質問で、このように聞かれると部下は尋問を受けているように感じ、自由に話ができないため面接には向きません。

これに対し、オープン質問は「前期を振り返ってみてどうだった?」と、少し漠然とした質問になります。部下がどう答えていいか分からず「数字のことですか」などと聞いてきたら、「そうだね、それから始めようか」と応じ、話を先に進めるときも「数字が伸びないときは、どんなことを考えたの」などと、部下が自由に話せるようにします。

❖話の要点と印象をメモし指導や評価の参考にする

そして、一通り話が終わったら「希望、要望、苦情、不満、個人的なことで何かあれば」と聞きます。すると「セクハラに遭っている」「取引先とトラブルが発生している」「家庭の事情で地方に転勤できない」「病気で仕事に影響が出ている」など大事な情報が得られたりします。そのときは、「なんで早く言わなかったんだ」などと怒らずに、早めに必要な手を打ちます。部下はすぐに動いてくれるとは思っていないので、「頼りになる支店長だ」と良い印象を持つはずです。

また、面接の最中に話の要点をメモし、終わったら簡単に内容と印象をまとめ、その後の指導や人事評価の参考にします。それと、面接には気力と体力が必要なため、1日に多くても6～7人程度とし、できれば午前と午後に分けます。また、面接の間は5分から10分程度休憩してリフレッシュします。お互い真剣に話をするので、エネルギーを蓄えて面接に臨まなければなりません。

8 公平な人事評価ができるか自信がないのですが

❖人事評価は好みや主観が入るため難しい

実績が良ければ高い評価を与え、不振であれば評価を下げる。部下がやる気を出すには公平な人事評価が大切なことは誰でも分かっていますが、なぜそれが難しいのでしょう。最大の理由は人事評価には好みや主観が入りやすいからです。

「支店長、支店長」と慕ってくれる部下は可愛く、店内ですれ違っても挨拶しない部下は「何だ、あいつは」と思ってしまい、その感情が人事評価に影響してしまうのです。可愛がってる部下は成績が悪くても「実績は今一つだが、案件発掘には大いに努力した」などとコメントを付けて評価を維持し、挨拶をしない部下は成績不振であると躊躇なく評価を下げます。また、自分が着任して最初に付けた評価を容易に変えない、支店長が営業出身で事務に詳しくないと、事務担当者の評価はいつも中程度以下ということもあります。

❖客観的なルールを作成し人事評価を行う

良い評価を得られない人は「支店長から好かれていない」「あの人の下で頑張っても仕方ない」とモラールが上がらず、逆にいつも良い評価の人は安心し、全力疾走を怠る可能性があります。こうした事態を防ぎ公平な評価を実現する方法として、「評価の見える化」があります。何をどれだけ頑張れば良い評価が得られ、また頑張らないとどう評価に影響するのかを客観的に示すルールを作成し、店内に周知し、期が終わったらそれに基づき人事評価を行います。

営業担当者の場合は、営業項目ごとの達成率を点数化し、合計点の上位者から高い評価を付けます。事務部門は本部から還元される効率化指標、事務ミスの発生状況、店内提案制度がある場合は表彰実績などを組み合わせてルールを作ります。この方式で人事評価を行うと主観の入る余地がなくなり、前の期に成績不振で評価が低い人も、次の期に成績が良ければ評価も上がります。

この方式では「数字に現れない頑張り」が評価されないとの意見がありますが、営業や事務の頑張りはやがて数字に現れるので、その時点で評価します。また、リーダーシップや部下指導などの定性的部分は賞与評価でなく、年1回の昇給昇格の際の評価に加えることで、全体として主観の入りにくい公平な人事評価を行うことが可能になります。

9 忙しいことを理由に有休を取らない部下にはどう対応しますか

❖段取りが悪く休めない人は働き方の見直しを

部下の仕事の状況をよく確認して対応策を考えましょう。急な退職者が出て欠員が生じた、長期の欠勤者がいて人繰りが厳しい、などのときは有休の取得は現実的でなく、支店長はまず人の手当を行う必要があります。また、大きな案件の詰めで本部や顧客と頻繁に連絡しなければならないときも同様で、案件が終わったら忘れずに取得させます。

しかしながら、案件の進め方や仕事の段取りが悪く、仕事に追われて休めない行職員がいます。この場合は休みを取らせるだけでは不十分で、働き方自体を見直す必要があります。見直しは上司が問題点を指摘するのでなく、まず本人に自分の仕事の進め方を振り返らせます。そこで出てきた「電話が長い」「事前準備が悪く直前にバタバタする」などの問題を、いかに改善するか一緒に考えます。

❖休むことも仕事の一部と伝え休みを取らせる

また、「忙しくて」と言っていたが、よく聞くと「自分の代わりがいないので心配で休めない」と話す人がいます。しかし、その人が病気で休んだり夏休みを取ったときに、混乱やクレームがあったのかを調べると問題は起きておらず、1日くらいは休めることがほとんどで、この場合は有休であれば前もって準備ができ、休むことで徐々にバックアップ体制ができ上がってくることを本人によく説明します。

さらに、「休むことに罪悪感がある」「仕事第一で休みたいと思わない」といった行員に対しては、「あなたが休まないことで周りが休みにくくなる」「休むことも仕事の一部である」とハッキリ言って休みを取らせます。最初は「支店長とは価値観が合わない」と思うかもしれませんが、少しずつ考え方が変わる人もおり、周りも「支店長よく言ってくれた」と思うのではないでしょうか。

また、独身の男性で「休んでもやることがなく、休むと次の日が忙しくて大変だ」という行職員に対しては、「やることがあってもなくてもまず休め」と指示します。休みを取らせれば、自転車で遠出する、趣味で写真を始める、彼女とデートする、など心配しなくても彼らは有休を楽しみ始めます。

2. コンプライアンスについての悩み

1 金銭面で問題のある行員にはどう対応すればよいですか

❖部下の会話への感度を高め問題を早期に発見する

金融機関に勤める人間として、金銭面の問題があることは致命的です。しかしながら、使い込みなど不祥事が発覚し、初めて金銭面の問題が分かることも少なくありません。また、以前は牽制効果を狙い日中に支店の預金端末で、各人の社内預金残高を調べていましたが、プライバシーの問題もあり現在ではそれも難しいでしょう。

支店長として問題を早く察知するには、まず部下の会話に対する感度を上げておくことが必要です。「飲み屋を何軒もハシゴした」「先輩が全部おごってくれた」「ゴルフに行ったら高そうな車で迎えに来た」など店内の話に、驚いたり感心するだけでなく「おや?」と思えるか、その後、当人の動きをよく観察できるかどうかがポイントです。

また外部からの電話も大切で、電話を受けた途端に慌てて携帯を持って席を離れた、休みの日に不審な電話がかかってきたなどはその兆候で、休みを取りたがらないのも不在の間の電話を恐れてかもしれません。しかし、支店長が現場に居合せないことも多いので、課長等に電話応対で変わったことがあれば、すぐに報告するよう指示しておきます。

❖解決には再発防止のための生活指導が不可欠

不審なことがあれば本人を呼んで話を聞きますが、思い過ごしのこともあるので、取り調べ口調でなく、まず普通に話をします。ただし、不審な点については最初からすべて事実を話さず、一つずつ話をして説明を聞くようにします。金銭面の問題で多いのは、カードローンや消費者金融からの借入れですが、きっかけは何で、なぜこのような状態になったのか、借入金はいくらなのか聴取し、他の不祥事と同じく人事部と協力して解決にあたります。

対応策としては親族や社内の借入れにシフトし、利払いや返済額を減らすなどの方法がありますが、本人が再び金銭面の問題に陥らないために、生活指導を行うことが必要です。問題が再発すると継続勤務が難しくなるので、部下への監視の目を緩めずに生活指導を長期にわたり行う必要があります。

2 営業目標達成のために行った不正にはどう対処しますか

❖着任時に不正な手段での達成は許さないことを話す

スポーツの世界では、ドーピング違反等の不正を理由としたメダル剥奪や永久追放の話をよく聞きます。しかし、ビジネスの社会では営業上の不正に対し「会社の金を使い込んだ訳ではない」「熱心さが過ぎてしまった」と当人をかばったり、中には「目標達成のためには多少のルール違反は仕方ない」と黙認する人がいます。しかし、不正はいずれ発覚し、不正で数字を積み上げると目標が上がり、そのクリアのためにまた不正をする「不正の連鎖」に陥るおそれもあります。

支店長として着任したら、まず「不正な手段で目標を達成することは、達成しないよりははるかに良くない」「不正に対しては厳しい態度で臨む」と部下に話します。また、期末などに「ややグレーですが、この案件を計上すれば目標を達成できます」などと判断を求められたら、「本部に問い合わせてOKならいいが、聞くほどでもないなら計上しなくて構わない」とハッキリ伝えます。ここで「君たちに任せる」などと曖昧な態度を取ると、部下は「最初の話は何だったのか」と思ってしまい、不正があったときに厳しい態度で臨めなくなります。

❖発生時には厳しい処分を行い再発防止を図る

また、部下に不正の疑いがあればすぐに呼んで事実関係を確認し、不正と知って行ったのか、過去に同様なことをしたことはあるのかなど、詳しく話を聞きます。そして、この種の不正では、上司からのプレッシャーに耐えきれず行った、上司も見て見ぬ振りをしていた、などの上司の関与も重要なためしっかり調査します。不正に関与した人物へのペナルティは本部と相談して決めますが、寛大な措置は裏目に出ることが多く、再発防止のためには厳しめの対応が必要です。

不正があった場合「支店長が不正に対して厳しい」ことが皆に十分伝わっていなかった可能性があるため、今までの自分の態度を反省し、改めて「今回の不正を極めて残念に思っている」「営業はルールに則り正々堂々と行わなければならない」ことを部下に話す必要があります。そして、不正な手段や用いなくとも、工夫や努力で良い成績を上げることは十分に可能であり、クリーンな戦いで表彰されてこそ意味があることを店内で再確認してください。

3 店内の不正防止に大切なことは何ですか

❖申請や報告書類の不自然な点はしっかり確認する

金融機関で最初から大きな不正を働く人間はほとんどいません。間違えて請求した交通費が何も言われず承認された、顧客との受け渡し記録に不備があったが課長はすぐ判を押してくれたなど、不正は小さなきっかけから始まります。そして、上司が「忙しいし形式的なチェックだから」「自分は部下を信頼しているから」と内容を見ずに承認し続けていると、それを見て部下は不正を始め、少しずつ常習化し大きな不正につながるのです。

ですから、部下からの申請や報告書類に不自然な点があったら、小さなことであっても牽制の意味も込めて部下にしっかり確認し、「水際作戦」を行うことが大切です。

実際には、支店長は日常的なチェックは行わず、部下の役席者が担当しています。したがって、彼らに惰性に流されずしっかりチェックして欲しいと指示することになりますが、ときには支店長自身が彼らの仕事を点検する必要があります。例えば、月に1回無作為に部下がチェックした書類の一部を、支店長が再チェックするのです。

「支店長がそんなことまでしなければならないのか」「部下を信頼していないようで評判が悪くならないか」と思うかもしれませんが、支店長は支店内の管理の最終責任者ですから行っても問題はありません。また、この作業は「支店長は管理面にも気を配っており、細かいところまで見ている」ことを店内に示し、部下の不正防止に効果があります。

❖本部から不正の手口について情報を入手する

それから、本部から最近の不正の手口について情報を入手することも重要です。不正の手口は次々と新しいものが登場し、想定外のものや盲点を突いたものもあり、チェックする側も知識がないと防ぐことはできません。本部から得た情報は部下の役席者に伝えますが、彼らもこうした情報は知りたいと思っており、日頃のチェックにも大いに役立つと思います。

不正は実に嫌なもので、営業表彰を連続で獲得しても部下に大きな不正があればすべて吹っ飛んでしまいます。店内の雰囲気に影響し、支店長に対しても「攻めはいいが脇が甘い支店長」とのイメージがついてしまいますので、「好事魔多し」のことわざを胸に刻み、守りもしっかりした支店運営を心がける必要があります。

4 個人情報の取扱いがずさんな社員にどう対応しますか

❖整理整頓の悪い部下は早めの指導を行う

個人情報やプライバシーに関わる情報（以下、「個人情報」という）の取扱いは昔はかなり緩やかで、市販の紳士録には生年月日、出身地、学歴、住所、家族構成、趣味まで記載されていました。金融機関でも個人情報は「社外秘」「守秘義務」の対象でしたが、取扱方法などは明確ではありませんでした。

しかし、近年、個人情報を悪用した犯罪の増加や個人情報保護法の制定で、この問題への関心は急速に高まり、お客様も個人情報の取扱いに大変に神経質になっています。「個人情報が記載された書類を紛失した」などの事件が発生してからでは手遅れで、店内で個人情報の取扱いがずさんな行職員を早めに発見し指導する必要があります。

まず整理整頓が悪く、いつも机の上が雑然としている部下は要注意です。個人情報を記載した書類が行方不明になり、シュレッターにかけたと思われる事件の話をよく聞きますが、ほとんどの場合、原因は「整理整頓の悪さ」です。また、付箋などに顧客の名前と電話番号を記入し机やパソコンに貼っている人も危険です。注意すると「明日の電話を忘れないために貼ったが、夜間は支店に外部の人は入らないので大丈夫と思った」などと答えますが、人が入らないからと机の上に現金や手形を置いて帰る人はいませんから、当人の個人情報に対する認識が不十分なのは明らかです。

また、居酒屋などでお客様の名前をあげて話をする行員がいますが、近くの人が「どこの会社の人間か」とそば耳を立てていたりするので、後日クレームになるおそれが十分あります。

❖顧客情報を紛失するとどうなるか考えさせる

彼らに対し、「個人情報の取扱いについてはお客様も大変に気にしており、昔であれば問題にならないケースも今では大事件になる、現金の紛失であれば損害額が確定しているが、顧客情報は不確定で予想もつかない事態に発展する場合もあり、現物と同じかそれ以上に注意して扱わなければならない」ことを説明します。また、万一、顧客情報リストを外部で紛失するとどうなるか考えさせてください。支店総出で深夜まで捜索を行い、発見できなければ多くの顧客への謝罪と説明が必要となり、営業どころではなくなります。

5 「コンプラが厳しくて仕事がやりにくい」との訴えにはどう対応しますか

❖「過度に詳細かつ厳格な」手続きは本部と相談する

こうした訴えは以前からよくあり、確かに手続きが複雑で、実務上これで対応できるのかと思うものも少なくありません。

そして、金融庁も「コンプライアンス・リスク管理に関する検査・監督の考え方と進め方」と題する最近のディスカッションペーパーの中で、従来の金融機関のコンプライアンス・リスク管理に関し「過度に詳細かつ厳格な社内規程の蓄積、形式的な法令違反の有無の確認、表面的な再発防止策の策定等の形式的な対応が何重にも積み重なり、いわゆる「コンプラ疲れ」が生じている」と述べています。

ですから支店で「コンプラが厳しく仕事がやりにくい」との訴えがあった場合には「決まりだから仕方ない」と突き放すのではなく、まずよく話を聞いてください。

もし「過度に詳細かつ厳格」な手続きで困っているのなら、本部に現場の状況を説明し改訂を依頼します。そして、当人には「本部には話をした。複雑で申し訳ないが、しばらくはこの手続きに従って欲しい」と伝えます。部下も支店長が自分の訴えを真剣に受け止め、動いてくれたことで納得すると思います。

❖コンプラを軽視した訴えに対しては再指導を

次は、訴えが当人の理解不足による場合です。例えばマネロン・テロ資金供与対策で疑わしい取引については、資料の提出や説明を求める必要がありますが、営業時間中の対応が困難で「コンプラが厳しくやりにくい」との意見が出るかもしれません。しかし、マネロン・テロ資金供与対策はいかに手間がかかっても厳格に行う必要があり、もう一度店内勉強会を開き、この問題の重要さを説明し、疑わしい取引の申し出があったときの店内体制をよく議論します。

最後は「数字のためにはコンプラ違反も仕方ない」「コンプラに時間を取られるより外回りした方がいい」と日頃から話す部下からの訴えです。こうした行員は以前より減りましたが、支店のポイントゲッターの中にはまだこのタイプがおり、周囲にコンプラ軽視を吹聴している可能性があります。このような場合は、機会を捉えて「いかに数字が良くてもコンプラ違反は命取りになる」「金融機関で仕事をしてしかるべきポストを目指すのなら、コンプライアンスへの正しい理解は不可欠である」ことをじっくり話す必要があります。

6 店内のコンプラ意識を高めるにはどうしたらいいですか

❖不祥事を踏まえ管理態勢の見直しが求められている

日本の金融機関は、時間と労力をかけてコンプライアンス管理態勢を整えてきましたが、残念な事件もいくつか発生しています。これに対し、金融庁は今までの管理態勢の不備を指摘し、「ビジネスモデル・経営戦略を検討する際にも、コンプライアンス・リスクを含むリスクについて幅広く検討」を行う、「利用者保護や市場の公正・透明に重大な影響を及ぼし、ひいては金融機関自身の信頼を毀損する可能性のある重大な経営上のリスクの発生を防止することに重点を置いて、リスク管理を考える必要がある」と述べています。（金融庁「コンプライアンス・リスク管理に関する検査・監督の考え方と進め方」より）

❖「社会的に見ておかしくないか」を常に意識する

こうした最近の動きも参考に、支店内でいかにコンプラ意識を高めるか考えてみましょう。

支店にはコンプラの専任担当者はおらず、リスクを幅広く検討し発生防止に向けたリスク管理体制を考える余裕はないかもしれません。しかし、支店でも活動方針を決めるにあたり、また活動をしている間に立ち止まり「世間一般の人はこれをどう思うか」考えることはできます。

「金融機関の職員が融資の資料を改竄（かいざん）する」のは先輩や同僚が行っていたとしても、社会的に許される行為ではありません。「投信販売の際は確認書類に漏らさず押印をもらうのが大切で、それが顧客が商品内容を理解した証拠になりトラブルのときに役立つ」という考え方も間違っており、大切なのは押印ではなくリスクの丁寧な説明です。「事務ミスをしたら100円を貯金箱に入れる」というのも、仕事上のミスは指導教育や人事評価で対応すべきで、個人的にペナルティを払わせるのは少額であっても問題です。また、「全員で住宅ローンのチラシを午後6時からポスティングする」のも最近の残業短縮の動きに逆行しています。

営業目標の必達や事務効率化だけを考えていると、ときとして社会の常識からズレてしまうのです。このときに、「世間的に見てこれはおかしくないですか」と言える雰囲気を店内に作ってください。そのためには、方針や今後の活動内容を決めるときに「社会的に見て問題となる点はないか」のチェックを習慣化し、部下の気になる行動を注意し、加えて支店長自身が新聞によく目を通し、自分が社会の常識から乖離していないか、日々確認する必要があります。

Column

「知ったか振り」支店長

現場に詳しくない人が支店長になることがあります。内心は不安ですが、なってしまえばその日から支店長で、初歩的なことを聞いて部下に「これで支店長が務まるのか」と思われるのはプライドが許しません。となると、残された道は「知ったか振り」です。ただ、それで押し通せるほど甘くないので、色々な小細工が必要です。

メモが回ってくると「細かいところを２つ３つ聞きたいのだが…」と部下を呼び、全体にわたって質問します。また、懇親と称し部下と飲みに行き、色々と教えてもらいます。でも、部下はお見通しで「支店長も現場のことを知らないので苦労してるよ」と話しています。

早く「店のことについて教えて欲しい」と素直に頭を下げられるかどうかが勝負の分かれ目です。説明を聞けば支店の状況も分かり、自分がしなければならないことも見えてきます。ここで大事なことは、教えてもらったら「ありがとう」を言う、必ずメモを取る、遅くとも３ヵ月以内には部下からの話を聞き終えることです。

第4章

教育・モチベーションの悩みに答える

1. 若手社員の教育についての悩み

1 新入社員を迎える際に注意することは何ですか

❖歓迎の気持ちを忘れずに準備をする

支店の行職員にとって新人配属は年中行事の一つですが、新人には一生に一度の出来事です。支店の対応次第で新人の会社に対するイメージが決まります。そのため、まず新人用の机、椅子、文房具をきちんと準備するところから始めましょう。机にうっすらと埃が被り、椅子は破れてスポンジが出て、引出しには書けないボールペンと古い定規が入っていたら、新人は「どうしてこんな会社を選んでしまったのか」と思ってしまいます。すべて新品を揃える必要はありませんが、歓迎の気持ちを忘れずに準備をするように指示してください。

また、新人は導入研修を受けていますが、内容が頭に残っていないことも多いので、ＯＪＴの前に事務の基本的仕組みを教える時間を設けてください。また日誌を書いてもらい、皆でコメントを付け支店長まで回覧します。日誌を読むことで新人が何を考え仕事をしているか分かりますので、必ず目を通し、気になることがあれば本人を呼んで話を聞きます。

❖目の前の仕事を一つずつ理解するように

新人は入社式で「失敗を恐れるな」「支店でおかしいと思うことがあったら、どんどん言って欲しい」「新しいことにチャレンジする気持ちを忘れずに」などの挨拶を聞かされます。しかし、実際に仕事を始めるとシステムや事務手続が複雑で覚えることが多く、チャレンジどころではないことに気がつきます。そこで、新人にはタイミングをみて、「まずは目の前の仕事を一つずつ理解することから始めよう」「先を急ぐことはない。1年半か2年後に実績を上げられれば十分」と話してください。新人も肩の荷が軽くなり不安も和らぎます。

また、新人の中には事務に興味が持てず、早く取引先を担当したいと希望する人もいますが、「事務が金融機関の仕事のベースで、事務の知識を身に付けないと、先々、取引先を担当したときに困ることになる」と話します。そして、金融機関はストレスが多く、生活も学生時代とは大きく異なり、入社1、2年で健康を害する人がいるので「無事これ名馬」の例えを説明し、自分の体を過信せず健康状態に気をつけて、休むときはしっかり休むように指導します。

2 社会常識がない若い社員にはどう対応したらよいですか

❖今の若い人は社会常識を学ぶ機会が少ない

「おたくの若い社員が、何の連絡もなく約束の時間に遅れたうえ、謝りもしなかった」とお客様からクレームがあったので本人に確認すると、「前の取引先の話が長くて遅れてしまった。途中で連絡できなかったが、自分は時間に間に合うように精一杯努力し、遅れた責任は自分にはないので謝らなかった」とのことでした。

聞くと唖然としますが、本人の中では理屈が通っているのです。「何を考えているんだ」と怒りたいところですが、ここはグッとこらえ、「お客様は時間を空けて待っていたのだから、前のお客様を時間通りに済ませ、次のお客様の所に向かわなければならなかった。そして、理由が何であれ予定の時間に遅れたのだから、きちんと謝る必要があった」と冷静に諭します。

今の若い人は豊かで自由な世界で育ってきましたが、家庭や学校で社会常識を教わる機会は十分でなかったと思います。しかし、支店のお客様は中高年が中心で、金融マンは真面目で常識的であると思っています。店内教育でこのギャップを埋めるのは容易ではありませんが、お客様の信頼に関わる問題であり、放置することはできません。新人が取引先担当になるのは少し先ですから、まずは出退社時に挨拶をしない、ＬＩＮＥで病欠の連絡をする、上司にタメ口をきく、頭を派手な色に染めるなどの社内での非常識を、上司と一緒に直していきます。

❖「教えて直ればそれでよし」を基本に指導する

ここで注意が必要なのは、今の若い人は「よくないことを誰も教えてくれなかった。だから自分は悪くない」と考える傾向があることです。しかし、なぜ問題かを説明するとすぐに改める素直さを持ち合わせていることも多いので、「教えて直ればそれでよし」を基本に指導してください。

また、年代ギャップがあり、彼らとコミュニケーションが取りにくい場合は、新人教育に入社３～４年目の若手の助けを借りるのがよいでしょう。

彼らを新人指導担当に任命し、社会人としての基本的なマナーを教えさせ、新人の行動で気になることがあれば、「なぜ彼はそうするのか、今の若い人は皆同じなのか、それとも彼だけなのか」と相談し、改善方法も一緒に考えます。彼らにとっても普段接することが少ない支店長と話すことができ、支店のために役に立てるまたとない機会になると思います。

3 就職人気の低下とともに新人の質が落ちているのですが

❖質の低下を嘆くだけでは問題は解決しない

支店長として、配属される新人の質の低下を感じている人は少なくないでしょう。かつて金融機関は優秀な人材を集めすぎると批判されましたが、今では状況が大きく変わり、考えられないようなミスを犯す、多少の勉強で受かる試験にも落ちてしまう、勤務態度を注意するとふて腐れる、といった新人を見かけるようになりました。それでも、元気があればまだ我慢できるのですが、元気のない新人が多く、現場からすると「人事部は何を見て採用しているのか」と思ったりもします。

しかし、現在は支店の人員が少なく、新人には極力早く戦力になってもらう必要があり、質の低下を嘆くだけでは問題は解決しません。ただ、新人を奮起させるために「最初の店でよいスタートを切ることが極めて大切だ」「君の成長を皆が待っている」などと支店長が話をしても、余計なプレッシャーを与えるだけで、夜6時以降に先輩が横で〝手取り足取り〟指導するのも残業の問題で難しいため、別の方法で新人をサポートする必要があります。

❖スタートアップを妨げる障害物を取り除く

まず、店内で新人が本音を話せる人物を選ぶところから始めます。そして、彼にどういう原因で仕事や職場に馴染めないのかを確認してもらい、「教えてもらっても意味が分からない」「相談する人がいない」「疲れやすく仕事をする気がしない」などの答えが返ってきたら、可能な限り手を打ち、新人のスタートアップを妨げる障害物を取り除きます。

また、その後も折に触れて声をかけ、新人に「支店長が自分を見てくれている」ことを感じてもらい、上司からはOJTの内容と成長度合いを報告してもらいます。そして、このときに「2年目でまだこれか」的なことは言わず、少し長い目で新人の成長を見守ってください。

しかし、こうした配慮をしても、なかには一向に勤務態度が改善しない、仕事の習熟度が上がらず同じミスを繰り返す、金融の仕事に興味を示さない新人もいます。そのときは、人事部に報告し対応を相談します。ほとんどの場合「諦めずに支店で教育をお願いします」と言われますが、まず情報を伝えることが大切で、しばらく指導しても状況が変わらなければ「支店としてできるだけのことはした」と説明し、改めて本部の対応をお願いすることになります。

4 若手社員が何を考えているのか分からず困っています

❖親子ほど歳が違うので分からないのは当然

若手とカラオケで大いに盛り上がり、これで仲間意識も十分だと思ったら、3日後にその中の一人が退職したいと言ってきた、案件の相談で「2、3日考えたいので待って欲しい」と話したら、すぐにお客様に電話で断ってしまい大きなクレームになった、熱心に指導してくれた課長が転勤する日に、お礼の一言もなく帰ってしまった、など「あいつは何を考えているんだ」と思いたくなる話はいくらでもあります。

また、若い人とたまには話をしようと飲み会を開いても、仕事以外に共通の話題は見つからず、仕事への不満や感想を聞いても、遠慮しているのか特に新しい話もなく、若手とのコミュニケーションは容易ではありません。しかし、考えてみれば支店の若手と支店長は親子ほど年が違い、彼らが何を考えているのか良く分からないのは当然です。また、こうした嘆きは今に始まったことではなく、何十年、何百年前の人も同じ悩みを持っていました。

❖早めに相談に来させ軌道修正を図る

それでは、若い人の考えを十分理解することは無理でも「若い人の予想もしない行動で唖然としてしまう」ケースを減らすことはできないでしょうか。まずは社会人としてのマナーや常識をよく教えることで、非常識な行為を減らす努力をします。

次に若手と仕事を行うときに「一から説明しなくても当然分かっているはずだ」と思わずに大事なポイントや案件の手順を丁寧に説明します。こちらが若い人の考えが分からないのと同様に、若い人は支店長や課長が案件を進めるうえで何を大事に思っているかよく分からないのです。

また、仕事を進める過程で判断に迷ったり困ったことがあったら、すぐ相談に来るように言います。最近は自主性尊重の教育の影響なのか、分からなくても自分の判断で先に進んでしまい失敗する人が多いので、早めに相談に来させ軌道修正をはかり「何で勝手にそんなことをしたんだ」と声をあげたくなるような事態を未然に回避します。

こうした努力を重ねたとしても、ときとして若い人の行動に面食らうことはあると思いますが、これは上司の永遠の悩みであり、自分も若いときに形は違うにせよ、支店長や課長を困らせていたはずなので、多少は大目に見ることも必要です。

5 元気のない若手社員がおり不安なのですが

❖病気のときは「まず健康回復」をしっかり伝える

支店長として元気のない若手がいると大変気になります。元々口数が少なく大人しいタイプであれば、体調についての心配は無用ですが、経験を積ませるために外回りの営業などに配属する際は注意が必要です。大化けすることもありますが、自信をなくしたり、嫌気がさして退職を考える場合もあり、期間を短くする、課内に相談相手を決めておくなどの工夫が必要です。

次に身体が不調の場合ですが、若くても病気になり、ときには命に関わることもあるので、異変に気がついたらすぐに医者を受診させ結果を報告してもらいます。結果が芳しくなければ人事部に報告し、入院や制限勤務の手続きを取りますが、ここで注意が必要なのは、無理して出勤の継続を希望する人が多いことです。焦る気持ちは分かりますが、病気が治るまではファーストプライオリティは健康回復で、治った後に仕事はいくらでもでき、リカバリーのチャンスも十分にあることを伝えます。

❖メンタルが不調な場合に安易な励ましは禁物

次はメンタルが不調の場合ですが、今の若い人は恵まれた環境の中で育っており、ストレスの多い金融機関の仕事に耐えられず、心の病になる人が増えています。上司の指導が厳しい、目標が達成できない、職場に馴染めない、仕事が追いつかない、などで「鬱（うつ）」になり、最悪の場合は失踪や自殺の恐れもあります。

ここでの問題は、支店長になる人はほとんどの場合、心の病を経験したことがないことです。そのため、元気のない若手を見ても「鬱」にまで思いが至らず、「まあ元気を出して」「2、3日休めばよくなるから」「そんなことで落ち込まなくもよいのでは」と、励ましや慰めの言葉をかけるだけで終わらせてしまうことが多いのです。

メンタルの不調に気づいたら、人事部への連絡、カウンセラーや産業医との面談、主治医を決めての治療の開始、必要な場合は休職の手続き、定期的に本人からの病状の報告、回復後に元の職場もしくは新場所での勤務開始となりますが、支店長や上司がメンタルの異変に気がつかないと治療に向けた動きが始まらず、当人の回復や職場復帰も遅れてしまいます。支店長に鬱を治すことはできませんが、若手の元気がないときに「鬱」の可能性も頭に入れ、当人と話をすることはできるはずです。

6 取引先と雑談ができない若手社員はどうしたらいいですか

❖若手にとって雑談は簡単ではない

急ぎの場合は別として、お客様との面談はすぐ本題に入るより最初に雑談をした方がスムーズに話が進みます。ベテランになるとたわいもない話で場を盛り上げ、雑談が25分で残りの5分で案件を決めることもあります。雑談の技術を身につけるとお客様と話すことが苦痛でなくなり、お客様からも時間のあるときに「何か話でもしに来ない」と電話がくるなど、営業の強力な武器になりますが、若手にとって雑談をすることは決して簡単ではありません。

「今日はいい天気ですねぇ」ではあまりに平凡で話が盛り上がらず、金融の話では堅すぎて雑談にならず、面白い話をしようと支店での事件やミスの話をすると、後で支店長の耳に入り怒られたりします。よく、支店長が若手とお客様を訪問し「雑談するところを横でよく聞いているように」と見本を示そうとしますが、実際、部下の参考になることはほとんどありません。相手が支店長だから面白くない冗談でも笑ってくれますが、若手が同じことを言っても決して上手くいくことはないのです。

❖雑談より相手の会社の話を聞くように指示する

まず、若手に雑談は期待しないで、仕事の話に入る前に相手の会社について聞くように指示します。すると若い人は、「忙しいのにあれこれと質問するのは申し訳ない」と思いがちですが、担当して最初の2、3ヵ月は色々と聞いても嫌がられず、逆に新しい担当者に自社のことを知って欲しいので、お客様は喜んで答えてくれます。

若手がお客様から教えてもらうことは取扱商品、会社の歴史、業界の動きなどいくらでもあり、話の中で疑問に思った点を聞けば次回訪問時の話題にも困りません。この方法を続けていくと先方との距離も縮まり、互いの出身地や趣味の話など雑談も徐々にできるようになります。そして取引先の担当者と雑談が可能になったら、次は「雑談5分、本題25分」を意識して話を進めるように指導します。

最後に良い見本を紹介しますが、人気落語家は最初のマクラで客席を十分に和ませ、その後に本編部分の「噺(はなし)」に入ります。これが観客を引きつけ「噺」を聞かせる秘訣なのです。参考になるのでＹｏｕＴｕｂｅなどで一度見るように話してみてください。

7 部下を叱るときに注意することは何ですか

❖まず当人の責任であることをはっきりと伝える

最近の若い人は叱られたことがないので、叱らずに褒めて育てるのが大切と言われています。しかし、社会人のルールを知らず支店の仲間に迷惑をかける、不注意なミスで実損を生じさせる、雑な対応でお客様を怒らせるなど、叱らずにはいられない場合もあります。そして、「最近の若い人は怒っても仕方がない」「考え方も違うし叱っても疲れるだけ」と諦めている人もいますが、これは管理職の仕事である部下の教育を放棄しています。

しかし、叱るときに気をつけなければならない点もいくつかあります。まず叱るときは当人の責任であることをはっきり伝えてください。「指示の仕方も悪かった」「悪いのは君だけではない」などと余計な気を使うと、今の若い人は自分が叱られているとは思わず「悪いのは自分ではない」「自分は怒られていない」と勘違いしてしまうことがあります。叱られた経験が少ないので、すぐにピンとこないのです。これでは怒った意味がなく、気を使ったことが裏目に出てしまいます。

❖叱るときは短く深刻なミスは別室で叱る

次に、長々と叱るのはやめましょう。長々と叱ると徐々に感情が高ぶり、危険な兆候である「だいたいお前は…」の一言が出てしまいます。そして、過去のミスに話が遡り、人格を否定し、挙げ句の果てに出身校や親を批判するなど、パワハラそのものになってしまいます。こうした事態を防ぐために、「叱るときは短く、長くて5分」を常に頭に入れておきます。

また、深刻なミスのときは別の部屋で叱ります。皆が作業している部屋では部下が仕事をしながら聞いており「支店長が怒るのも分かるけど、夕方はすごかった」とアフターファイブの格好の話題を提供することになります。それから飲み屋で叱るのは不可です。酒が入るとしつこくなり、うっかり手でも出したらあなた自身が大変なことになります。叱った後にリカバリーしようと飲みに行くのも、同じことが起こる危険があるのでやめた方がよいでしょう。

それと、部下を叱るときになるべく冷静にといいますが、決して簡単ではありません。「主任として、課長代理として恥ずかしくないか」などとポストをからめて反省を促す言い方をする、課長、副支店長などが主に叱り、支店長は最後に短めに注意するなどの工夫が必要です。

8 若手を飲みに誘っても誰も来てくれないのですが

❖今の若い人はお付き合いで飲みに行かない

嫌われているのではなく、付き合ってくれないのが普通なので安心してください。あなたも若い頃に支店長から飲みに誘われたとき、緊張したり、できれば参加したくないと思ったはずで、今の若い人は「アフターファイブは拘束されたくない」との意識が強く、同期と飲みに行くことも少なく、相手が支店長となればなおさらです。

また、帰ろうと思ったところを無理やり誘われ、仕事の話や自慢話を延々と聞かされ、おまけに支払いが割り勘となれば若い人が行きたがらない気持ちも分かります。昔の人は「支店長にお付き合いするのも部下の仕事」と割り切ってついて行きましたが、今の若い人でそうした意識を持つ人は皆無だと思います。

そして、若い人はお酒を飲まないことも多く、そもそも「ノミュニケーション」の概念が成立しない場合もあります。ですから、仕事が終わって誰かを誘いたいときは、年の近い副支店長や課長を誘うのが無難で、若い人とのコミュニケーションは日中に行います。それでは、若い人と話をする機会が少なくなってしまうのではと思うかもしれませんが、仕事の間に冗談を言ったり雑談をする、取行先に同行訪問の際に車や電車の中で話をするなど、コミュニケーションの機会はいくらでもあります。ただし、昼食のときは要注意で、あまり話しかけると嫌がられ、支店長と遠い場所に座るようになるので、会話はほどほどにしてゆっくりと食べさせてあげましょう。

❖飲みに行きたければ事前に連絡し9時には解散

それでも、たまには部下と飲みたいと思うなら、夕方に突然に誘うのでなく、成績優秀者のお祝いなどを理由に、事前に日時とメンバーを決めて行うのがよいでしょう。そして、参加者の金銭的負担は極力少なくし、自分の話は程々にして聞き役に回り、自分も含め参加者の飲み過ぎに注意し、9時頃にはお開きにして2次会はなしにします。

こうした配慮をせずに、1人で早くから酔っ払い、部下に「おい、お前」口調で話しかけ、嫌がる女子社員を隣に呼び寄せ、カラオケを強要する支店長がたまにいますが、次に飲み会を企画しても参加は数人程度で、欠席の欄に印鑑が並ぶことは間違いないと思います。

9 部下を誘って飲んだ支払いはどうすればいいですか

❖部下は支店長は多めに払うのが当然と思っている

答えは「均等割りはせず支店長が多めに払う」です。私が勤めていた銀行では、支店長8副支店長7 課長6 課長代理5 係員4以下、のように職級をベースに傾斜を付け支払額を決めていました。また、なかには支店長9で他の人が1と支店長がほとんど払うというルールの銀行もありました。

こうしたルールは、目上の人が多く払う日本の習慣に加え、支店長が高給を得ていることが前提にあるのですが、近頃は給料のベースが下がったこともあり、支店長には相当な負担となっています。ところが、部下は今でも支店長の給料は高いと信じ、支店長が余計に払ってもほとんど感謝せず、均等割りを主張しようものなら「あの人はケチだ」と悪口を言われることもあります。それと、最近は次の日に「昨日はご馳走様でした」というお礼の一言がない部下も増えており、支店長のやるせなさは一層深まっています。

❖部下に感謝し自分の得た利益を還元する

では「支店長が多く払う」のは時代に合わず不公平なのでしょうか。支店長の仕事はマネジメントで、支店の業務は部下で成り立っており、支店長は支店のシャッターの開閉ができないのはもちろん、預金端末を操作できず、PCを使っての稟議書の作成も怪しく、実務面では支店で一番役に立たない場合が多いのです。しかし、給料は支店の中で一番高く、支店が良い成績を取ればそのメリットの相当程度は支店長に帰属し、賞与がアップし良いポストへの異動も可能となります。

ですから、支店長は部下に感謝し、自分の得た利益を部下に還元することを常に考える必要があり、飲み会で余計に払うのもその一部なのです。無理に誘っておいて「飲み食いは部下の方が多いのだから、均等割りでおかしくない」という考えは自分勝手で、部下への感謝の気持ちが感じられないので評判が悪いのです。

ただし、無理をして飲み会の費用を全部出す必要はありません。それぞれの金融機関のルールがあればそれに従うのがベストで、ない場合は、店内でルールを決めておくとスマートで、「支店長の支払いは係員の2倍程度」が一つの目安かもしれません。また、最後に領収書を受け取り、会社に請求するのは絶対にやめましょう。築き上げた部下の信頼が一気に瓦解します。

10 金融機関の将来が不安な若手社員には何を話せばいいですか

❖フィンテックをビジネスに取り込む

「銀行危険度ランキング」「あなたの街から消える地銀を大予想」などの見出しを電車の中吊り広告で目にした、「新型コロナ関連の融資が不良債権化し、先々金融機関の経営を圧迫する」との予測記事を読んだ、転職した先輩が「AＩやフィンテックの技術を持つ企業が銀行の基本業務である預金、貸出、為替業務に次々と参入している」と教えてくれた。こうしたことがあると、多くの若手社員は金融機関の将来に不安を抱くようになります。

これに対し「そんなことは考えず目の前の仕事を一所懸命やりなさい」と諭しても部下が納得するはずはなく、機会を捉えて金融機関の将来についてゆっくり話をする必要があります。

まず「フィンテックの登場で銀行が不要になる」との議論ですが、金融機関はこれまでもクレジットカード、リース、ファクタリング、サービサー等その時々の新しい金融サービスを自らの業務に加えてきており、フィンテックも競合相手とだけ捉えるのではなく、提携を進め自らのビジネスの中に取り込んでいくことは十分可能だと思います。

❖共同での新商品開発で利便性向上と収益の拡大を

また、フィンテックは保守的でスピード感に欠ける既存の金融機関にショックを与える意味では有効でしたが、コンピュータやスマホに詳しくない人はその恩恵に預かることができず、サイバー犯罪や不正利用のリスクもあり、一般の消費者が安心して自分の資産を預け、決済を行う手段にはなっていないのが現状です。また、フィンテック関連の企業は既存の顧客を持たないため、利用者獲得が思うように進まない場合もあるでしょう。

こうしたことを踏まえ金融機関の今後を考えると、①マイナス金利政策や人口減などの収益悪化要因に対応し、手数料収入の増加と人件費を含む一層の経費削減を行う、②明確なポリシーや基準のもとに新型コロナ関連の支援を行う、③フィンテック関連企業との提携を本格化する、④金融機関の持つ経験やノウハウを生かし、共同で使いやすく安心なフィンテック型商品の開発を進める、⑤個人および法人顧客を対象に開発したフィンテック型商品の販促を図り、顧客の利便性向上と収益機会の拡大を図る、などの動きが必要と思われます。

11 新人の退職を防ぐにはどんな点に注意すればいいですか

❖働きやすい職場づくりが退職防止に有効

わがままな支店長、優柔不断の副支店長、パワハラの課長、毎晩残業の課長代理、仕事の愚痴が止まらない先輩。職場がこんな状況だったら、新人でなくてもウンザリしてしまいます。何年か会社員生活を経験した人なら、上司はいずれ異動し自分も転勤するので、しばらくの我慢と割り切ることもできますが、新人には難しく退職の二文字が浮かんできてしまいます。

銀行の将来が不安で転職を考える新人も、支店の雰囲気が悪く「こんな人たちがいる銀行は大丈夫か」と思ったのが始まりのこともあります。新人にとって「その支店が良くない」イコール「銀行が良くない」なのです。まともで働きやすい職場を作ることは、従業員満足度の向上に必要ですが、新人の退職防止の観点からも極めて重要です。

❖ケア不足が重なると会社の選び直しを始める

次に新人の放置は厳禁です。指導担当者がおらず「仕事はマニュアルを読んで覚えて」と言われた、食堂で誰とも話さず1人で食事を済ませた、帰るときに挨拶したが反応がなかった、などが重なると新人は支店の中で疎外感を抱くようになります。それでも以前は新しい環境に何とか馴染もうと努力しましたが、今は転職サイトへの登録がすぐにでき、店に新人をケアする意識が足りないと、新人は容易に「会社の選び直し」に舵を切る可能性があります。

しかし、夜に居酒屋に連れ出してのケアや励ますことは控えてください。新人は職場での疲れや緊張で、夜は早く解放して欲しいと思っており、新人を酒の肴にした飲み会は職場に対する印象を悪くするだけです。

最後に、新人の中には一所懸命に声かけや指導をしても金融の仕事に馴染めず、退職を希望する人がいます。最近は金融機関が第一志望でなく入社する新人もおり、仕方のない面もありますが、このときに「金融機関には様々な仕事があり、将来君に合う仕事も出てくる」といった引き止めをしても、転職が容易な今の時代には効果は乏しいでしょう。

相談を受けたら、「退職は簡単だがよい転職は難しく、どんな会社で、何をしたいか、そのために、どのような資格、能力、適性を持っているか…、こうしたことを考えずに転職活動を始めると今回と同じ結果になる」と話し、新人の反応を見てください。

12 ゆとり世代の新人教育にとても苦労しているのですが

❖「褒めて育てる」だけでは解決しない

いつの時代も、上司は「今の若い人はどうなってるのか」「俺たちの若い頃はあんなことはなかった」と愚痴をこぼしますが、2016年以降に新社会人となった「完全ゆとり世代」は特に対応が難しく、多くの上司の頭を悩ませています。

お客様と接する機会の多い渉外係への異動を拒否する、上下関係を気にせずタメ口をきく、ミスが多く危なくて仕事を任せられない、上司が普通に指導してもストレスを感じて鬱になるなど、これまでにはない事態が発生しています。若い人に対する教育方法は「褒めて育てる」のが良いと言われますが、完全ゆとり世代に対しこの方法が適当なのか疑わしく、効果的な指導方法が見つかっていないのが現実です。

今の若い人は、災害の被災地でボランティアをするなど頼もしい面もありますが、ゆとり教育の影響で負荷やストレスへの耐性が弱く、人とのコミュニケーションが不得手で、指示待ちで競争意識も薄いなどの問題もあり、支店の戦力になるには相当の指導教育が必要です。

❖仕事をすることの基本的な心構えを教える

もちろん指導にあたっては、頭ごなしに怒らない、指示は丁寧に、こまめに声かけする、などの注意が必要ですが、同時に「職業に就く」「仕事をする」にあたっての基本的な心構えを教えなければいけません。

「自分のやりたいことで生活できればいいが、そうした能力や才能を持つ人は少なく、生活のためには単調な仕事や嫌な仕事もしなければならない。ときにはお客様に頭を下げなければならず、仕事に必要な知識やスキルを身につけるにも時間と努力が必要だ。これは他の会社、他の業界でも同じである」と若手に諭したいが、躊躇している支店長は多いと思います。

確かに話をしてもすぐに納得してもらえるとは思いませんが、若い人に合わせて指導方法を工夫するだけでは、限界があるのも事実です。もし、年齢が離れ「ゆとり世代」とコミュニケーションが取りにくい場合は、課長代理など支店の中堅から話してもらうのもよいでしょう。それでも辞める人はいると思いますが、その人も何年か後には「あのときに言われたことの正しさ」に気づくはずです。

2. モチベーションについての悩み

1 福利厚生のレベルが下がり部下が不満を口にするのですが

❖昔をよく知る支店長が最も落差を感じている

以前、宿泊した施設が会社の保養所のようだったのでオーナーに尋ねたところ、筆者が勤めていた銀行の保養所を購入し改築したと聞き、大変驚いたことがあります。バブル崩壊前の金融機関は給与水準が高く、全国各地に保養所を所有し、社宅や独身寮も整い、休日は会社のグラウンドやテニスコートを利用することができました。

給料が高いことに加え福利厚生施設が整っていると、社員は恵まれた会社に勤めていることを実感でき、両親を保養所に泊め「いい会社に入った」と喜ばれた経験のある支店長は多いと思います。それが、バブル崩壊で一気に状況が変わりました。財形や従業員持ち株制度等は維持されたものの、保養所、グラウンド、研修所、社宅などは閉鎖、売却され、給料レベルも下がり、厳しさを直に感じることになりました。

部下から福利厚生のレベルに不満が出ることもあると思いますが、支店内で落差を最も感じているのは、勤続年数が長く昔をよく知る支店長かもしれません。しかしながら、一般企業に出向や転籍した先輩に話せば、「まだ金融機関の福利厚生は世間一般よりは上だ」との返事があるでしょうし、部下が取引先で福利厚生の悪化を嘆いても共感は得られません。

❖それでも行員を大切にする風土は残っている

そもそも、バブル崩壊以前の金融機関の高い福利厚生レベルは、「護送船団方式」が生み出した超過利潤の産物であり、金融自由化において徐々にレベルが下がるはずが、バブル崩壊の影響で一気に低下したため、喪失感が大きかったのだと思います。しかし、保養所やテニスコートはなくなりましたが、今でも給与水準は世間的に見劣りすることはなく、教育研修体制も整っており、健康診断や年金制度も維持され、ゼロ金利政策で収益が厳しい中においても行員を大切にする風土は残っています。

また、日本の多くの企業でトップが暴走し誰も止められない、いじめやブラックな体質で社員が苦しむ、労基法違反が横行するなどの問題が発生していますが、金融機関ではこうした問題が比較的少なく、この点は働く側からもっと評価してもよいのではないかと思います。

2 いつも同じ部下と飲みに行ってしまうのですが

❖気心が知れ評価が甘くなることも

仕事が終わり気分転換に一杯やって帰りたいと思うのは、サラリーマンとして普通の感覚ですが、今は支店で相手を探すのは容易ではなく、運良く見つかるとその人ばかり誘うことになってしまいます。相手が副支店長であれば「あの2人は飲んでばかりで大丈夫か」と言われるリスクはありますが、仲が悪いよりははるかに良く、「支店長が他の人を誘うのを防いでくれている」と副支店長が皆から感謝されることもあります。

問題は、支店長がその他のメンバーと飲みに行く場合です。部下と行けば当然に仕事の話になり、最近の仕事の様子、目標の達成状況、店の雰囲気などが話題となります。そして酒が入ると徐々に気が緩み、思い通りに店が動かないことへの不満や、特定の人物の批判を口にし、「ここだけの話だけど」と店内の異動情報をうっかり漏らしたりもします。また、しばしば飲みに行くと気心が知れて情も移り、当人の評価が甘くなることがあります。いつも付き合ってもらっていることへのお礼や、「厳しい評価をすると誘いに応じてくれなくなるのでは」との気持ちが評価に影響を与えるのです。

❖部下から余計な疑いを持たれないように

また、公私混同しないように十分注意していても、部下は支店長が特定の人間と良く飲みに行く姿を見て、「支店長は彼を可愛がっている」「きっと彼は秘密の情報を聞いているはずだ」などと勘繰る可能性は大いにあります。支店長は部下から「皆に公平な人」と思われることが支店運営上で極めて大切であり、余計な疑いを持たれないように同じ部下と一緒に飲みに行くのは極力控え、たまに行くときも他のメンバーを加えるなどの配慮が必要です。

「では支店長は寂しいままでいいのか」と言われそうですが、代わりに店内の多くの人とコミュニケーションを取る工夫をしてください。コミュニケーションは夜の飲み会だけではないので、部下に声かけし、話しやすい雰囲気を作り、日中に短めの雑談を多くの人とします。すると、部下が何気ないときに話しかけてくることも増え、孤独感は大いに緩和されます。ただし、声かけや雑談の内容がセクハラにならない、仕事の邪魔をしない、この2点には注意してください。

3 本部の指示は現場の事情を考えていないので不満です

❖本部を批判するだけでは不十分

本部からの通達や指示を見て「支店の実情が分かっていない」「方向がズレている」「本部は何を考えているのか」と、感じる支店長は多いと思います。では、なぜ本部と現場でズレが生じてしまうのでしょうか。原因は、本部の現場に対する理解が不足していた、現場の状況は理解していたが指示の作り方に問題があった、指示を出すタイミングが遅かった、部長や役員の思い付きで指示を出した、営業上の要請から無理を承知で指示を出した、など様々ですが、支店長がマーケットや社会情勢の変化を十分に認識しておらず、本部の新しい指示に理解が追いつかない場合もあります。

しかし、最も問題なのは「本部のセクハラの指示が厳しい」の項目でも話しましたが、本部の指示にいつも批判的な支店長がいることです。支店長が「自分は組織の末端に近く、自分の上に官僚的な本部組織が存在し、そこからの無理な指示にいつも苦労している」といった意識が強いと、こうした批判的態度を取ることが多いのです。しかし、「本部の考えていることはまったく分からない」「オレだったらこんな指示は出さない」といった発言をするだけでは、マネジメントする人間としては問題で、部下は身動きが取れず困ってしまいます。

❖情報を集め違和感を解消し行動に移る

現実的には、本部の指示に違和感があっても支店として無視できず、何らかのアクションを取る必要があります。特にキャンペーンなどは早めに動かないと、取り返しのつかないことになります。であれば、自身の情報収集能力を発揮して指示の背景などを調べ、納得できる部分は納得し行動に移る必要があります。そして、情報を得るには本部に問い合わせるだけでなく、仲の良い支店長などにも確認するのが有効です。この場合は自分の社内ネットワークがモノをいうので、ネットワークが広ければ広いほど様々な情報が手に入ります。

支店長の年次になって、人的ネットワークを飛躍的に拡大することは難しいかもしれませんが、それでも意識して社内の人たちと接すると、2、3年でかなり広げることは可能です。社内の部署や他の支店から問い合わせや協力の依頼があったら、「困ったときはお互いさま」の気持ちで親切に対応してください。

4 給与が下がり支店長の魅力がなくなった気がするのですが

❖給与は下がったが世間比では悪くない水準

バブル崩壊前の支店長の年収は1，500〜2，500万円程度で、経済的に大変恵まれたポストでした。当時の支店長の中には、一日中支店長室から出てこない、自分で稟議書に目を通さない、昼間行方不明になる、お客様を訪問しても仕事の話は一切しない、という人もいましたが、それでも支店長として多額の報酬を得ていました。

しかし、規制ビジネスの恩恵としての高収入は金融自由化、バブル崩壊、リストラの過程で過去のものとなり、その一方で支店の戦力不足で支店長の仕事の範囲が広がり、繁忙感も増しました。そして、こうした状況を見て「自分が思っていた支店長のイメージと違う」「昔と比べて魅力あるポストではなくなった」と思う人が出てきました。

しかし、それでも支店長の収入は世間比で悪い水準にはありません。業種の違いはありますが、飲食店の店長はバイトの学生が休めば代わりに出勤し、自分で厨房の仕事をするのは当然で、クレーム対応やレジの管理も行い、さらに売上目標が未達だと店長会議で責任を追及されるなど大変なポストですが、それでも年収は300～500万円程度で、また一般企業の営業所長なども求人広告で見る限り年収は600万円前後です。

❖さらに下がってもやり甲斐が見つけられるか

ただ残念なことに、近い将来に収入がさらに下がる可能性があります。AIやフィンテックの影響で手数料の水準が見直される、マイナス金利政策が継続される、などで金融機関の体力が低下すれば、給与引下げを含む人件費の削減が行われるかもしれません。こうした状況においてもテンションを高く保ち支店長職を続けられるか、金融の仕事に興味が持てるかは、いかに支店長の仕事にやり甲斐を見いだせるかによりますので、ぜひ一度真剣に考えてみてください。

それから、給与に対する不満は支店長同士で話すのはまだしも、部下の前では控えてください。部下は「支店長は自分たちと違い高い意識を持って店を牽引している」と思っており、その人が金銭のことで不満を口にするとイメージが大きく崩れ、部下の仕事に対する意欲にも影響が出ます。

5 最近「支店長は孤独だ」と思うことが多いのですが

❖部下も支店長と距離を感じている

今期の活動方針を議論したが意見はまったく出ず、キャンペーンで目標必達を命じても成果は低調、部下との会話は少なく、副支店長や課長も自分の方針を理解しているとは思えない、自分は一所懸命やっているが部下がついてこない、となると「やはり支店長は孤独だ」「先輩の話していた通りだ」と思ってしまうのも仕方ありません。

しかし、部下は「意見を言ってもどうせ聞いてもらえない」「目標必達を言われたが活動について具体的アドバイスはなく、支店長が先頭に立つ意欲も伝わってこない」「支店長とは距離があり特に話すことはない」「方針は支店長が勝手に決めたもので何の相談もなかった」「この支店長について行く気がしない」と思っているのかもしれません。支店長が奮闘努力しても、一方的で、意欲だけが空回りしていると部下は付いてこないのです。そして「孤独だ」と弱音を吐いても、店内で慰めてくれる人は見つからないでしょう。

❖一緒に相談し、決定し、進めていく

この状況を改善するための一番の解決策は、部下と「keep pace with（ペースを合わせる）」の精神で「一緒に相談し、決定し、進めていく」ことです。

貸出の案件、営業キャンペーン、事務効率化、ミス撲滅活動など一緒に進める案件は店内にいくらでもあり、相談しながら方針を決め、進捗状況も皆でチェックし、必要に応じ推進方法を改めます。支店長専決事項と思っていた人事評価も、課長や副支店長と議論しながら決定することも可能です。

そして、進めていく過程で気になることはすぐに様子を聞くようにすると、部下が報告や相談にしばしば来るようになり、相手をするのに忙しく「支店長は孤独だ」と思う暇もなくなります。この状態を目指して部下と一緒に案件を進めてください。

最後に、あなたは孤独だと思うだけ「まとも」です。支店長によっては部下がついてこずに孤立すると、その原因を「部下がやる気がない」「自分の言っていることを理解する能力がない」「本部と違ってレベルが低い」と部下に求める人がいます。こうした人は現場のリーダーには向いておらず、早急に支店長ポストから離れるべきです。

6 支店長を大切にしない企業が増えている気がするのですが

❖証券会社の支店長に近づきつつある

支店長車で取引先を訪問すると社長室に通され、懇談の後は社長に玄関まで見送られ次の取引先に赴く。連日のように接待が入り、お客様からの厚いもてなしがいつしか当たり前になる。これがいままでの支店長の日常でした。しかし、最近は借入れが容易になり、メインバンクを持たない経営者も増え、支店長を大切にする雰囲気が徐々に失われてきています。

「この先、支店長がどのようにお客様から扱われるのか」を考えるときに、証券会社の支店長が参考になると思います。銀行の支店長経験者が系列の証券会社に移り最初に驚いたのは、正月に取引先が賀詞に来ることはなく、こちらから出向かなければならないことだと聞いたことがあります。また、多くの社長はメインバンクの支店長とは面談しますが、証券会社の役員や支店長とは特別な用件がない限り会うことはありません。

それと、証券会社の支店長や役員の接待は〝仕向け〟が大半で〝被仕向け〟はわずかです。

銀行も、お客様のメインバンク意識の低下に伴い特別なステータスを失いつつあり、今後は証券、リース、ファクタリング、信託等と同列に扱われる可能性が高いと思われ、支店長の扱いも証券会社の例に近づくと思われます。

❖業者として魅力的な提案を心がける

ここで支店長にとって大事なことが2つあります。一つはお客様へのメリット感のある提案を心がけることです。もちろんお客様のところに顔を出すことは重要ですが、いつも世間話では面談を断られることが増えると思われます。お客様にとって支店長との面談に意味があるよう、常にその企業にとって役に立つ提案を考え、メイン先には半期に1～2件を目標に提案を行ってください。

いま一つは「上座から下座に、メインから業者に」意識を変えることです。銀行は金融・非金融サービスを提供する業者であり、業者は上座に座ることはありません。たとえ今まで通り厚遇をしてくれる取引先であっても上座の意識のままでいると、他行から魅力的なバックファイナンス付きのM&Aの提案をされ、あっという間にメインの座から滑り落ちる可能性があります。それは業者として顧客に役立つ提案を怠ったペナルティです。

7 支店長のやりがいとは何ですか

❖支店長の仕事は以前より負荷が増している

長い間、金融機関に就職した人の夢は「一度は支店長をしたい」でした。支店長になることがその会社での成功を意味し、新聞に載った自分の支店長辞令を額に入れて飾った話を先輩から聞いたことがあります。

ところが、その憧れのポストに最近異変が起きています。収益が期待できる案件が減少した、若手経営者から相手にされない、店内の戦力低下が著しい、残業短縮も進まない、など課題山積で支店長の負荷が確実に増えているのです。そして、その姿を見て若手の中には「希望は本部の仕事で、支店長になりたいとは思わない」と話す人も出てきました。それでも現役の支店長は「支店長のポストはやりがいがある」と答える人がまだ多いのですが、将来も同じ答えが返ってくる保証はありません。

❖任されて店を運営することの苦労と面白さ

では、支店長のやりがいをどう考えたらよいのでしょうか。筆者は支店長の仕事の「魅力」や「やりがい」は、頭取から「支店を任されている」ところにあると思っています。

本部の次課長は中間管理職であるのに対し、支店長は小なりといえ場所の長で、実質的な自由度や裁量の範囲は支店長の方が大きいのです。この裁量を上手く使い、部下のやる気を起こさせ、目標に向かって店を動かし、困難な問題は一緒に対策を考え、重要な局面では自分が前面に出て解決を図り、支店の発展と部下の成長を図るのが支店長の仕事です。そして、裁量の使い方を間違えば支店の業績は不振に陥り、部下のモラールも低下します。

このように、支店長は中小企業の社長やプロ野球の監督と共通した「マネジメントの苦労もあるが、やりがいや面白みもある」ポストであると思っています。ただし、マネジメントの苦労を「煩わしい」「面倒だ」と感じる人にとっては現在の支店長ポストは消耗感が強く、必ずしもお勧めではなく、本部調査役等の方が力を発揮できるかもしれません。

最後に、支店長を希望しない今の若い人についてですが、彼らはゲームの世界で様々な手段を用いて目標を達成する訓練をしており、そのスキルや判断能力は現実の世界でも必ず活かせるはずで、恐れずに将来は支店長ポストにチャレンジして欲しいと思っています。

Column

「昇格詐欺もどき」支店長

部下を動かすには様々な方法がありますが、今の流行は「褒めてやらせる」でしょう。ですが、昔も今も行われているのが「俺の言うことを聞いたら偉くしてやる」と、人事をちらつかせる方法です。部下は昇給昇格を誰が決めているか分からないので、「支店長があんなに言うのだから、人事部に相当影響力があるのだろう」と、簡単に信じてしまいます。

しかし、人事に詳しい人、昇給昇格の仕組みを知っている人はこのような発言はしません。人事は一人だけで決められるものでなく、安易に約束をできないことを理解しているからです。つまり、人事権をちらつかせる人イコール人事に強くない人なのです。

ところが、支店長の言葉を信じて一所懸命頑張った結果、成績がアップして昇格する人もいます。となると、その支店長は「あいつは俺が上げてやったんだ」「あいつみたいになりたかったら、俺の言うことを聞くんだね」と別の部下に囁き始めます。「昇格詐欺」の撲滅は簡単ではありません。

終章

支店長自身の悩みに答える

1 最近物忘れで部下に迷惑をかけることが増えたのですが

❖記憶力の低下は支店長になる頃から始まる

40歳を過ぎた頃から支店長への登用が始まり、支店長になると仕事の範囲が店全体に広がり、記憶しておくべき事柄も増えます。ところが人間の記憶力はその頃から低下し始め、支店長のなかにはお客様訪問や会議の予定などを失念する人が出てきます。

しかし、部下にとっては報告や依頼したことを支店長が覚えているのが当然で、「先日の案件ですが」と聞いたときに、支店長が「そんな話あった?」という反応だと、「支店長は大丈夫か」と思ってしまいます。こうしたことが稀であれば「誰でもたまには忘れる」で済みますが、度重なると部下の支店長に対する信頼にも影響が出ます。

❖工夫で部下への迷惑も減らすことができる

物忘れを減らすには、まず部下の依頼や質問にはできるだけその場で対応し、記憶しなければばならないことを減らすことです。「打上げの料理は和、洋、中どれにしましょうか?」などの簡単な質問は一晩考えても答えは変わらないので、すぐに返事をします。

また、案件の方針で迷うときは「まずこの提案書を提出して反応を見よう」などとりあえずの行動を指示するか、「少し考えさせて欲しい。2、3日で返事しなかったら、遠慮せずに声をかけてくれないか」と話します。部下もあとで催促しやすくなりますし、自分にもプレッシャーになり翌日には指示が出せたりします。

また、報告には副支店長、課長などを同席させ、自分の記憶が怪しくなったときに彼らに確認するのも有効です。特に副支店長は年齢が近く、物忘れにも理解があることが多いので助けてもらいましょう。それと、こまめにメモを取るのはよいですが、メモした付箋などを机に貼るのは禁物です。「明日人事部に電話」などと書かれた付箋を部下に見られたら「誰か動くのか」と大騒ぎになったり、「この程度のことも覚えられないのか」と部下に思われたりします。

以前に書きましたが、部下と話をしていると、その人に指示した内容を思い出したりするので、そのときは、話の最後に「ところであの件はどうなった」と聞くのもよい方法です。物忘れは加齢に伴い仕方のないことですが、このような工夫で、仕事への影響を少なくすることは十分可能です。

2 部下からミスの報告を受けると頭にすぐ血が上るのですが

❖怒る時間を短くし早めに冷静さを取り戻す

若手行員が重大なミスを犯し、課長と一緒に報告に来ました。ところが、当人は報告の間に反省の素振りを全く見せず、さすがの支店長も頭に血が上り、「何を考えているんだ」と怒りを爆発させてしまいました。

怒りを抑えて原因や対応策を冷静に議論することは難しく、またミスをした当人に事の重大性を知らしめるために、怒ることが必要な場合もあります。しかし、そのときは「怒る時間を短く」し、怒った後に早めに冷静さを取り戻し、普通の会話に戻るようにしてください。

❖家庭内トラブルや横柄な態度が原因のことも

次は多少のミスで頭に血が上ってしまう場合ですが、原因は様々です。まず、家庭内の問題でイライラしているときに朝からミスの報告を受けて怒り出す場合です。部下から「今日は支店長の機嫌が悪いぞ。家で何かあったな」とすぐに言われてしまうので要注意です。部下は思っている以上に支店長のことをよく見ていますから、支店長席に着いたら「ここからは仕事」と自分に言い聞かせスイッチを切り替える必要があります。

次は部下に対する態度が横柄になり小さなミスに苛つく場合で、支店長の在任期間が長くなると起きやすい現象です。「俺がいつも言っているのに、なぜこんなミスを犯すんだ」「何を考えて仕事をしているんだ」などと小さなミスで頭に血が上ってしまうのです。しかし、考えてみれば自分もお客様との面談をダブルブッキングしたり、明日までの稟議を放置したりと部下に迷惑をかけています。

部下は相手が支店長なので何も言いませんが、内心では「少しはこちらのことも考えて欲しい」と思っているはずで、小さなミスで怒りを感じる場合は冷静になり、自分の最近の態度を反省する必要があります。

最後は自分の体調が良くなくミスに苛立ってしまう場合です。発熱、腰痛、寝不足などのときにミスの報告を受けると、「具合が悪いのにいい加減にしてくれ」と思うのは普通で、文句も言いたくなります。ただ余計な波風を立てても良いことはなく、支店長は深酒や寝不足を避け、体調を整えて仕事に臨む必要があります。

3 本部に知人が少なく支店長としてハンディを感じるのですが

❖現場経験が少ない支店長もハンディがある

「異動や昇格で本部に頼める人がいないので、部下に不利な思いをさせていないか心配だ」、「本部に知人が少なく、先日も問い合わせたら通り一遍の回答しかもらえなかった」こうした話をする支店長がいます。確かに本部に知人が多いと仕事がやりやすく、本部をうまく使い見事な実績を上げる支店長もいます。

しかし、本部が長く現場経験が少ないまま支店長になった人は、別の意味でハンディを感じています。仕事が分からないのに着任当日から決済書類は回ってきますし、トラブルやミスが発生すれば、すぐに指示を出さなければなりません。

そして、知識不足を知られるのを恐れ、支店業務の初歩的なことを確認せず、曖昧なまま仕事を続ける人もいます。また、部下も支店長に仕事の内容を度々説明しなければならず、相談にも行けないので、なかには「支店長は座っていてくれればいい」と思う人も出てきます。

❖理由をつけて本部の関係部署を訪問する

一方、「本部に知人が少ない人」は言葉を変えれば「現場が長く支店の仕事を知っている人」で、部下にとってはこの人の方がはるかにありがたいのです。一番良いのは「支店の仕事を知っていて本部に強い支店長」ですが、そうした人はほとんどおらず、支店の仕事は一から勉強することは困難ですが、本部の人脈や情報ネットワークは、その気さえあれば支店長着任後に作ることは十分可能です。

まず、本部に行ったときに「挨拶に来た」「近くに来たので寄らせてもらった」「ちょっと相談があったので」「尊顔を拝しに来た」などと理由をつけて支店に関係する部署に顔を出します。ここで大事なのは、「本部はエリートの集まりと気後れしない」ことで、小規模店であっても支店長は特別なポストですから、気にする必要はありません。

ただ注意しなければならないのは、訪問した相手の仕事の邪魔をしないことと、長居をしないことで、これは取引先相手に営業していたときと同じです。ですから、そのときのことを思い出して社内営業に励んでください。最初の1年を頑張れば、必ず「以前と比べて仕事がとてもやりやすくなった」と思えるはずです。

4 臨機応変のつもりが部下から方針がブレると言われます

❖支店長がブレると部下は振り回されてしまう

以前、空港が舞台のコメディ映画で、搭乗口がコロコロと変わり、乗客が旅行カバンを持って右往左往するシーンを見たことがありますが、これと同じことが支店の中で繰り広げられることがあります。

支店長が今期の支店活動方針と違うことを突然言い始めました。理由を聞くと、「週末にもっと良いアイデアを思いついたから」と言うだけでそれ以上の話はなく、課長は「この前も同じようなことがあったが、またか…」と思いつつ、やむなく方針変更を部下に伝えました。

こんな感じで支店長のブレは発生しますが、部下は支店長の「思いつき」や「方針がコロコロ変わる」ことを嫌がります。ただでさえ忙しいのに、支店長に振り回されるのは勘弁して欲しいのです。よく考えてから指示を出す、一旦指示を出したらしっかりフォローし、方針のブレはできるだけ避ける、これが基本ですが、支店長の中にはそれができない人がいます。

❖方針変更の場合は説明や謝罪が必要

まず、方針を決めるときに、「本で読んで面白いと思った」「前の店でやっていた」「朝ふと思いついた」「うまくいきそうな気がした」などと深く考えない人は、容易に方針を改める傾向があります。すぐその気になる人は、簡単に気が変わってしまうのです。

また、我慢が苦手な人も同じです。方針や目標の達成には時間が必要ですが、少し思い通りに進まないとすぐに変更してしまいます。そして、変更に伴う部下への迷惑に思いが至らない人も簡単に方針を変更しますが、これは「自分は支店長で、部下が自分の指示に従うのは当然だ」との意識が強い人によくあるケースです。

もちろん「臨機応変」に方針を変えなければいけない場合はありますが、そのときに部下に「方針がブレた」と思われないために「部下に納得のいく説明ができるか」「変更が度重なっていないか」そして、突発的理由でない場合は「自分の見通しの悪さを部下に謝れるか」の3つを自分に問いかけてください。

そうすると、自分の「臨機応変」が、いかに主観的かつ気まぐれであったか、方針決定に当たってより慎重に、そして部下の意見もよく聞くべきであったと気づくことが多いと思います。

5 話し下手のため お客様訪問があまり得意ではないのですが

支店長と取引先の社長を訪問したのですが、話題がうまく見つからず支店長が途中で黙ってしまいました。相手の社長がフォローしてくれ面談は一応無事終了しましたが、部下は冷や汗ものでした。現場に慣れていない、元々話し下手だからと嫌がる支店長がいますが、お客様訪問は支店長の大切な仕事の一つです。

❖「習うより慣れろ」で訪問回数を増やす

この問題の解決策は「習うより慣れろ」で、雑談や本などで会話のノウハウを勉強するより、お客様訪問を重ね、慣れるのが一番だと思います。最初は具体的な案件のお礼、期初期末、年末年始の挨拶などから始め、先方での滞在時間も15分から20分と短くします。その時間内で、お礼を言い、訪問先企業の最近の様子を聞き、最後に挨拶して面談を終了する、とパターンを決めておけば途中で話題に困ることもありません。

一方、融資の断りや条件交渉、謝罪、新規先訪問はやや難易度が高いので、訪問する場合も当面は課長がメインスピーカーで支店長は最後に少し話す程度に留めます。お客様が来店した場合は先方に用事があり、基本は相手のペースに合わせればいいのですが、難しい依頼や相談事の場合もあるので、課長などに必ず同席してもらいます。

❖謙虚にお客様の話を聞く態度は忘れずに

これらを繰り返していくと、お客様と話すことが徐々に苦痛でなくなりますが、注意が必要なのは、慣れるに従い「謙虚さ」や「お客様の話を聞く」態度が失われてしまう人がいることです。部下が止めるのを聞かずに、強気で条件交渉を行い案件を潰してしまう、お客様の話を途中で遮る、長々と自慢話をする、金融の知識をひけらかす、宴席で取引先の経営方針を批判する、などを支店長にされると部下は困ってしまいます。

あと、お客様との会話に慣れたとしても、話し下手の支店長が見違えるように話がうまくなることはありません。しかし、それでも誠意があって、熱心で、一所懸命に相談に乗ってくれる支店長であれば、お客様は「長くこの店にいて欲しい」と思ってくれるはずで、「話の面白さ」より最後は「気持ち」だと思います。

6 わがままな支店長にならない良い方法はありますか

❖支店長になると監督者がおらずわがままになる

誰でも初めて支店長になったときは謙虚で、「明るく風通しの良い店をみんなと一緒に作りたい」という着任時の挨拶は決して嘘ではありません。しかし、支店長になり何年か経つと、部下の話を聞かない、すぐ不機嫌になる、一方的に指示を出す、接待の名目で盛んにゴルフに顧客を誘うなどのわがままな態度が目立ち、いわゆる「地が出てしまう」ようになります。

わがままになってしまう原因は簡単で、自分を監督する人がいなくなるからです。入社時から副支店長まで上司の監督下で我慢していたのが解放され、気が緩み自制心が効かなくなってしまうのです。

❖支店長のパワーをわがままを通すために使わない

それでは「支店長のわがまま」を防ぐ良い方法はないのでしょうか。まず「寝る前に今日一日わがままを言っていないか反省する」という方法があります。素晴らしいアイディアだと思いますが、残念ながら答えは「三日続けば良い方」で、長続きはしないと思います。

それから「自分がわがままを言っていないか部下に確認する」方法もあります。しかし、部下は思っていても支店長に面と向かって言いにくく、効果は限定的です。また、「過去に自分が嫌だと思った上司のわがままは繰り返さない」方法もありますが、比較的効果がありますが、上司がしなかった類のわがままは防げないかもしれません。

また、わがままの原因になる「自分が支店のトップである」との意識が強くなり過ぎていないか、時々立ち止まって考える方法もありますが、傲慢になると立ち止まること自体を行わなくなる可能性があります。

最後は「支店長のパワーは自分のわがままを通すためでなく、困った部下を助けるために使う」との意識を持って毎日の仕事を行う方法です。筆者の経験上この方法は効果があり、わがままにブレーキがかかり、またうっかりわがままを言っても、部下が日頃助けてもらっているので、少しは許してくれるのがこの方法の強みです。支店長のわがまま化を完全に防ぐことはできませんが、この中から自分に適した方法を選んでぜひとも試して欲しいと思います。

7 「俺はもう転勤だから」と話したら部下から嫌な顔をされたのですが

❖部下から支店長は意欲が失せたと思われる

在任期間が1年半を過ぎた頃から、部下から先のことについて相談を持ちかけられたときに、「転勤が近いから」とはっきりと返事をしない支店長がいます。しかし、部下は転勤のことを分かったうえで相談に来ており、支店長として判断を行い、その上で「もしその時点で私が転勤していたら、新しい支店長と相談して欲しい」と付け加えるのが正しい対応だと思います。

また、話の途中で必要以上に「俺はもう転勤だから」と口にする支店長がいますが、部下の反応を探りたい気持ちが働いていることがあります。つまり、「何をおっしゃるのですか、私はまだまだ支店長の下で仕事をしたいのですが」といった返事を期待しているのです。しかし世の中は思うようにはいかず、部下は「そろそろ支店長も交代の時期だ」と思っていることも多く、淡い期待を込めて転勤を口にするのは避けた方がよいと思います。

そして、部下は支店長が「そろそろ転勤だ」と口走ったときに「支店長は少しやる気が失せてきた」と思うことがあります。支店長としては「そんなつもりで言ったのではない」と反論したいところですが、もし部下が「私もそろそろ転勤ですし」と言ったら支店長は「あいつは何を考えているんだ、まだやることはいくらでもあるだろう」と思うはずで、部下の反応もそれとまったく同じです。

❖転勤の日まで普段と変わらぬ態度で

また、転勤が近くなると自分のノウハウや経験をなるべく多く部下に伝えたいと考え始める支店長がおり、この店が支店長として最後の場所だと思うと特にその気持ちが強くなるようです。しかし、部下にとっては数多くの支店長が着任し、去っていくその中の一人に過ぎず、力んで気持ちが空回りしないように注意してください。

在任期間が長くなろうと、転勤の辞令が出ようと、異動の最後の日まで、着任の日と同じ気持ちで、その店のために全力を尽くすのが支店長としての理想の姿です。完全にそれを行うのは難しいかもしれませんが、異動の時期が近くなることで気分が上下するのは部下から見て格好の良いものではなく、「もう転勤だから」のフレーズは封印し、できるだけ最後まで「普段と変わらぬ態度で」支店長職を務めて欲しいと思います。

8 将来は一般の企業で活躍したいと思っているのですか

❖一般先の金融機関OBに対する需要は減少傾向

支店長の中には「長い間金融の世界で生きてきたので、次は違う世界を経験したい」「支店長として身につけたものを一般先で生かしてみたい」「銀行では不完全燃焼だったので、一般の企業でもう一花咲かせたい」といった考えを持つ人は少なくないと思います。

しかし、金融機関出身者に対する一般先からの評価は思ったより低く、人材派遣の依頼も以前より少なくなっています。もともと、プライドが高く扱いにくい、問題点を指摘するが自分は動かない、すぐに「銀行では」と前の職場の話をする、といった不満があるところにメインバンクへの依存度低下が加わり、金融機関OBへの重要が減ってしまったのです。

また、一般先に行って幹部として生き生きと働いている人もいますが、カルチャーの違いや人的関係で悩み短期間で退職した、部下に人材がおらず休日出勤を重ね体調を崩した、といったOBも少なくなく、ハイリスク・ハイリターンである点も忘れてはいけません。

❖情報を十分に集め納得したうえで行く

一般先に行って活躍したいと思う人は、まず営業か管理か、何がやりたいのか、業種や年収、勤務地の希望はあるかをよく考え、加えて事前の話と違うことがあっても我慢できるか、行った先で骨を埋める覚悟はあるか、を自分に問いかけてください。

単に関連会社は給料が低い、今までの上下関係が続くのは嫌だ、昇格の可能性がないなどの理由で一般先を希望するのであれば勧めません。次に一般先に行った複数の先輩と面談し、現在の境遇や、行く前に考えていたのと異なったことや苦労した点、先輩として一般先を勧めるかなどについて教えてもらいます。

そのあと、一般先を希望する人は人事部に依頼し行き先を探してもらい、候補先を紹介されたら仕事の内容、年収、昇級昇格の可能性、定年などの条件を確認します。また、人事部や担当店の支店長の話だけでなく、すでに勤務している先輩がいる場合には必ず面談し、会社の業況や雰囲気について話を聞きます。そして、ネットなども活用してできる限りの情報を集め、最終的な判断を行いますが、ここで迷ってしまい「会社がせっかく紹介してくれたので断るのは申し訳ないから」と話を受ける人がいますが、出向先から短期間で戻る方がより申し訳なく、自分で納得がいくまでよく考えてから人事部に返事をしてください。

9 部下の話をよく聞かず指示するのを直したいのですが

❖話を聞かずに出した指示は間違う

「分かった、もういい」と報告を途中でさえぎり「要はこういうことだな」と勝手に話を要約し、部下に指示を出す支店長がいます。以前は「部下の話は要領を得ない」「ポイントは聞かなくても大体分かっている」と考え、こうした行動を取る支店長が多かったのですが、最近は、支店長自身が忙しくなり、ゆっくり部下の報告を聞くことができず、そうせざるを得ない場合も増えています。

しかしこれは危ない兆候です。支店長のカバーする仕事の範囲が広くなったことで、一つ一つの案件に集中できる時間が減り、得られる情報量も少なくなっています。そこを補うのが部下からの報告で、部下は支店長よりはるかに長い時間をその案件に費やしており、彼らからの報告を途中でさえぎるのはもったいなく、危険なことだと思います。話を聞かずに出した指示は自分の古くなった情報と思い込みに基づいており、間違った指示になる確率が高くなります。

❖報告を聞くところから問題解決が始まる

部下の報告を聞くのは上司の大切な仕事です。「ホウレンソウ（報告、連絡、相談）は仕事の基本だ」と、言っておきながら、部下の報告や相談をないがしろにするのはルール違反です。また、パソコンや書類を見ながら部下の話を聞く上司がよくいますが、部下は自分の話を真剣に聞いてくれているか心配になりますので、「手を止めて部下の方を見て」話を聞きましょう。もし、忙しくてできないのであれば、仕事の抱え過ぎなど、あなたの仕事のやり方に問題があると思ってください。

部下がミスを犯したときは早めの対応が必要ですが、部下からの報告がなければ手の打ちようがありません。ミスやトラブルの報告があったら「何をやってるんだ」と怒鳴らずに、まずは冷静に「具体的状況を教えてくれ」「どういう対応を取ったのか」と最後まで話を聞いてください。正しく状況を把握することが問題解決の第一歩で、報告を聞いているうちに次の指示が頭に浮かびます。

報告や相談に来てくれることは営業推進上も、リスク管理上も極めて大切で「よく来てくれた」との態度で、込み入った話のときは横に椅子を置き、部下を座らせしっかりと話を聞いてください。

10 部下の相談を「考えておく」と言ったまま放置してしまいます

❖部下は身動きが取れず困ってしまう

支店長のところに相談に行きましたが「考えておく」と言ったまま返事がありません。「あの件ですが」と聞いても「考えるから少し待ってくれ」と言ったきりで、もう一度催促すると「他にも色々忙しいのだ」と機嫌が悪くなってしまいました。

部下は支店長が決めてくれず放置されると困ってしまいます。間違っていても結論を出してくれれば動けるのですが、そうでないと立ち往生してしまい「支店長は部下や店のことをどう考えているんだ」と思ってしまいます。

「考えておく」と言って本当に忘れてしまう人もいますが、中には考えてくれても結論の出ない支店長もいます。慎重なのかもしれませんが、決めるのは支店長の大事な仕事です。すべて一人で決める必要はありませんから、副支店長や課長と早めに相談し、できればその日のうちに答え出すようにしてください。

❖「聞く」と「決める」は支店長の大切な仕事

問題なのは部下からの相談に対し真剣に考える気がなく、その場しのぎで「考えておく」と言って放置してしまう支店長です。

ところが、こうした支店長は部下が「支店長はなかなか返事をくれないから」と相談せずに物事を進めると、「なぜ勝手にやったんだ」と文句を言ったり、部下に検討を命じ、しばらくして部下から報告がないと「どうしてすぐにしないのか」と怒ったりします。自分の部下への「考えておく」との約束は守らず、一方で部下が勝手に行ったり、指示を守らないのを許さないのです。こうした行為は支店長在籍が長くなり「自分に甘く、部下に厳しい」傾向が強くなったり、自分で店を引っ張らなければとの意識が過剰になり、部下に対する態度が一方的になったときなどに起きます。

部下が相談に来たらよく話を聞き、一緒に考え、しっかり答えを出すのは支店長として大切な仕事です。そして、そのためには部下と誠実に向き合うことが必要なのですが、支店長在任期間を通し安定的に行うことは予想以上に難しいのです。支店長として「聞く」ことと「決める」ことが疎かになっていないか、最近の部下への自分の態度は大丈夫か、時々反省する時間を持つようにしてください。

11 地震、台風、感染症等の災害に対する心構えを教えてください

❖次にどのような災害が来るかは分からない

企業は東日本大震災の経験から事業継続のための様々な対策を行ってきましたが、今回の新型コロナウイルスでこうした対策が役に立った話はほとんど聞きません。ここが災害の恐ろしいところで、「忘れた頃にやってくる」だけでなく「予想もしない災害がやってくる」のです。今後、感染症対策が各企業で進められると思いますが、それで安心することなく、「次にどのような災害に見舞われるか分からない」との意識を持ち続け、発生したときにパニックにならずに対応できるようにしてください。

大きな災害時の対応方針は本部が決めますが、支店でしておかなければならないことはあります。災害の種類が予想できないので難しい面もありますが、役所、消防署、警察署、保健所、病院等の場所と連絡方法、避難場所、防災アプリの使用方法、備蓄品の状況、店舗の安全対策、最新の行職員の住所と電話番号などの確認や初期消火や応急措置の訓練、地域の防災訓練への

参加を定期的に行う必要があります。

❖最初に守るべきものは行職員の命と健康

今回の新型コロナウイルスでは店舗を開けましたが、災害によっては無理に開けない選択肢もあると思います。東日本大震災の時は10万円の仮払いのために多くの支店を開けましたが、現在はコンビニＡＴＭやインターネットバンキングが普及し、現金の引出しや振込みは支店でなくても可能で、リスクを犯して支店を開ける必要性は以前より少なくなっています。

また、現在は行職員の親が「無理して出勤し被害に遭ったら困る」と出勤を止めることもあり、人員の確保は容易ではなく、店をオープンする場合も「安全を確保したうえで最低限の人数で」ということになると思います。しかし、９・11の米国同時多発テロのときに「安全だ」との情報で職場に戻り、邦銀の行員が12人犠牲になっており、予想外の事態での安全確認は極めて難しく、慎重に行う必要があります。

最初に守るべきものは会社の信用でも、店の現金や書類でもなく行職員の命と健康ですが、災害等の突発的な事態の中でその順番が分からなくなることがあります。支店長がこの順番を間違わずに部下に正しく指示することが何よりも大切です。

Column

「初老エネルギー切れ」支店長

誰でも歳をとります。バリバリ仕事をしていた支店長も50歳を過ぎたあたりから、全力投球が難しくなり省エネを考え始めます。パソコンを見ているふりをして休む。お客様の所に着くまでタクシーの中で休息を取る。人事評価のコメントは短めか「一次評価と同じ」で済ます。夜の宴席は回数を減らし、二次会はなしと部下に指示する。

次第にそれだけで済まなくなり、会議でボーとしてピントのズレたことを言う、気がついたら宴席でウトウトした、来客を忘れて外出してしまった、となる。 すると部下も「支店長は大丈夫か？」「やっぱり歳を取ったのかなぁ」と気づき始めます。

ここで、支店長を軽んじ、あからさまに支店長の指示を無視するのか、それとも今まで通りに接し、皆で支店長を支えていくのか。これは、ひとえに支店長がそれまで部下の意見を聞かず偉そうにしてきたか、それとも部下を大事にし、気を配り、一緒に頑張ってきたかによります。「情けは人の為ならず」今度は支店長が皆に助けてもらう番です。

【著者略歴】

吉村輝寿（よしむら　てるひさ）

1953年 東京都生まれ。東大法学部卒。三菱銀行（現三菱UFJ銀行）入行。人事部調査役、ロスアンゼルス副支店長、新宿新都心支社長などを歴任。セコム常務執行役員金融法人営業本部長等を経て、現在、マネジメントアドバイザーとして企業顧問、執筆、講演等、幅広く活躍中。

支店長殿 ご指南申す

2020年9月4日　初版発行

著　者――吉村 輝寿

発行者――楠 真一郎

発行所――株式会社近代セールス社

〒165-0026　東京都中野区新井2-10-11　ヤシマ1804ビル4階

電話：03-6866-7586　FAX：03-6866-7596

装丁・DTP―井上　亮

イラスト―――与儀勝美

印刷・製本――壮光舎印刷株式会社

ISBN978-4-7650-2184-5